*Über dieses Buch*  Unser Leben ist durch die Grenzen von Geburt und Tod scheinbar unwiderruflich beschränkt. Ein Blick auf die großen Hochkulturen zeigt jedoch, daß für die Menschen einer anderen Zeit das Vorgeburtliche und das Leben nach dem Tod Realität darstellte. Durch die anthroposophische Auffassung von Reinkarnation und Karma erfährt die Frage nach dem Sinn des Todes eine den Erkenntnisbedürfnissen des modernen Bewußtseins angemessene Beantwortung, durch die zugleich alte Menschheitsvorstellungen wieder nachvollziehbar werden.

*Der Autor*  Friedrich Husemann (1887–1959) war ein Pionier der anthroposophisch orientierten Medizin. Als Psychiater begründete er die heute nach ihm benannte Klinik in Buchenbach bei Freiburg im Breisgau. Als Forscher ist er mit zahlreichen Veröffentlichungen hervorgetreten, von denen die wichtigste das Werk ›Das Bild des Menschen als Grundlage der Heilkunst‹ ist.

Friedrich Husemann

# Vom Bild und Sinn des Todes

Entwurf einer geisteswissenschaftlich
orientierten Geschichte,
Physiologie und Psychologie
des Todesproblems

Fischer Taschenbuch Verlag

Perspektiven der Anthroposophie

Herausgegeben von
Johannes M. Mayer und Wolfgang Niehaus

Ungekürzte Ausgabe
Fischer Taschenbuch Verlag
Januar 1982
Umschlagentwurf: Jan Buchholz / Reni Hinsch
Fischer Taschenbuch Verlag GmbH, Frankfurt am Main
Lizenzausgabe mit freundlicher Genehmigung
des Verlages Freies Geistesleben GmbH, Stuttgart
© 1954 Verlag Freies Geistesleben GmbH, Stuttgart
Gesamtherstellung: Hanseatische Druckanstalt GmbH, Hamburg
Printed in Germany
980-ISBN-3-596-25510-4

# Inhalt

Vorwort . . . . . . . . . . . . . . . . . . . . . . . . 7

## Das Bild des Todes im Bewußtsein früherer Zeiten

*Das alte Indien* . . . . . . . . . . . . . . . . . . . . 11
*Die persische Zeit* . . . . . . . . . . . . . . . . . . 15
*Sumer – Babylon* . . . . . . . . . . . . . . . . . . . 18
*Ägypten* . . . . . . . . . . . . . . . . . . . . . . . 25
   DAS RITUAL DER EINBALSAMIERUNG . . . . . . . . . . . 41
*Griechenland* . . . . . . . . . . . . . . . . . . . . 46
*Beginn der Neuzeit* . . . . . . . . . . . . . . . . . 56

## Das Problem des Todes im Zeitalter der Naturwissenschaft

*Vitalismus und Materialismus* . . . . . . . . . . . . 63
*Die Biologie an der Erkenntnisgrenze* . . . . . . . . 70
*Kann die Erkenntnisgrenze überschritten werden?* . . . 75

## Bild und Sinn des Todes in geisteswissenschaftlicher Beleuchtung

*Die Polarität von Leben und Bewußtsein* . . . . . . . 85
   DIFFERENZIERUNG UND STERBLICHKEIT . . . . . . . . . 87
   RHYTHMUS UND BEWUSSTSEIN . . . . . . . . . . . . . 89
   GEDÄCHTNIS UND ERINNERUNG
   ALS METAMORPHOSEN DES LEBENS . . . . . . . . . . . 90
   THEORIEN ÜBER DIE URSACHE DES TODES . . . . . . . 93
*Der Todesprozeß als physiologische Grundlage der Freiheit* . . . 98
*Die Seele im Alter* . . . . . . . . . . . . . . . . . 100
*Das Lebenspanorama* . . . . . . . . . . . . . . . . . 102
*Wiederverkörperung und Schicksal* . . . . . . . . . . 111
*Das »Ich« als Wesenskern und Ganzheitsfunktion* . . . 116
*Selbstmord und vorzeitiger Tod* . . . . . . . . . . . 123
*Die Überwindung des Todesbewußtseins* . . . . . . . . 130

## Vorwort

Die in dem vorliegenden Buche zusammengefaßten Aufsätze zum Problem des Todes entstammen zum Teil öffentlichen Vorträgen, zum Teil den mit meinen Patienten täglich abgehaltenen Arbeitsstunden, in denen wir gemeinsam Wege zur Lösung der Lebensrätsel suchten. Gerade diese »Lesestunden« geben mir den Mut, trotz mancher Bedenken das Buch in der vorliegenden Form erscheinen zu lassen. Denn in dieser gemeinsamen Arbeit erlebte ich immer wieder, wie viele Menschen heute nach Antwort auf diese Fragen verlangen, ja, wie ihre Gesundung und oftmals geradezu ihre weitere Lebensmöglichkeit von einer Lösung dieser Fragen abhängen.

Dieser im weitesten Sinne therapeutische Gesichtspunkt war mir auch für die Herausgabe der eigentlich leitende.

Darf ich sagen, daß ich dabei im besonderen auch an die Berufskollegen gedacht habe? Wir Ärzte sind unser Leben lang bemüht, das Leben der anderen zu erleichtern, womöglich zu verlängern, und doch – wie oft, wenn unser Mühen vergebens war, müssen wir erschüttert fragen: Welchen Sinn hat der Tod?

Und wenn wir, im Mitgefühl mit dem Leid der Angehörigen, selber keine Antwort wissen, dann häuft sich die Last des Lebens von Jahr zu Jahr höher an, und wir fühlen uns schließlich nur noch wie im großen Strom des Geschehens weitergeschoben, ohne Willen und ohne Ziel. Dann aber können wir auch nicht mehr wahre Helfer sein.

Damit ist natürlich nicht gemeint, daß etwa der praktische Arzt mit den Patienten weltanschauliche Gespräche führen solle; der tüchtige Praktiker wird dazu keine Zeit haben – im Sanatorium dagegen wird es oft notwendig sein. Aber auch der Praktiker wird kein guter Praktiker sein können, wenn er nicht wenigstens für sich selbst nach einer Klärung dieser Fragen strebt – er wird in die Routine abrutschen. Wir müssen uns selber heilen, wenn wir heilen wollen.

Wenn das Buch zur Klärung dieser Fragen anregen würde, ist sein Zweck erfüllt. »Allein richtige Antworten« zu geben, war nicht meine Absicht; schon ein solcher Versuch wirkt, wie mir scheint, lähmend auf die Aktivität des Lesers.

Aber gerade das Todesproblem muß mit höchster innerer Aktivität angefaßt werden; nicht mit Resignation oder gar mit Sentimentalität.

Die Gegenwart braucht vielleicht mehr als vergangene Zeiten ein klares Durchschauen des Todesgeheimnisses. Man kann ohne Schwierigkeit erkennen, daß die heftigen Erschütterungen, denen die Menschheit in den letzten Jahrzehnten ausgesetzt ist, von ihr deswegen nicht innerlich überwunden werden können, weil ihr Bewußtsein durch die Grenzen von Geburt und Tod beschränkt ist. Das Wesen des Menschen aber reicht über diese Grenzen hinaus. Und wenn man versucht, das Leben nur mit dem von Geburt und Tod begrenzten Bewußtsein zu regeln, so müssen sich daraus mit Notwendigkeit ebenso Schwierigkeiten ergeben, wie wenn z.B. der Erwachsene nach den Ernährungsregeln leben wollte, die nur für die Säuglingszeit Geltung haben. Aus einem solchen Verhalten müssen sich, ärztlich gesprochen, Krankheitserscheinungen ergeben.

Eine solche kann man in der inneren Lebensunsicherheit sehen, die in den Seelentiefen der Menschen heute vielfach zu finden ist, und die von da aus ihre Gedanken und Entschlüsse bestimmt. Die zunehmende »Nervosität« der Menschheit hat hier ihre tiefere Ursache.

Vergleicht man in dieser Beziehung die Lebensstimmung vergangener Zeiten, so kommt man zu dem überraschenden Ergebnis, daß die innere Unsicherheit der Menschen dem Leben und insbesondere dem Todesproblem gegenüber erst in verhältnismäßig neuerer Zeit eingetreten ist, und daß, je weiter man zurückgeht, der Tod den Menschen immer weniger rätselhaft erscheint.

Diese Erkenntnis kann zunächst beschämend sein, sie kann uns aber auch, wie vielleicht keine andere, zu einer Einsicht in die tieferen Zusammenhänge der Menschheitsentwicklung verhelfen, und vor allem: sie kann uns anfeuern, mit allen Erkenntnismitteln der Gegenwart an das Problem des Todes heranzugehen.

Daß unter allen Erkenntnisarten der Gegenwart die der Naturwissenschaft am meisten Vertrauen genießt, wird allgemein zugegeben werden. Die weiteren Ausführungen werden aber zeigen, daß diese Erkenntnisart gerade in bezug auf das

Problem des Todes die eigentlichen Antworten schuldig bleiben muß. Hier kann, meines Erachtens, nur die von Rudolf Steiner in Weiterbildung der naturwissenschaftlichen Methode begründete Geisteswissenschaft zu Antworten führen. Die von ihm angegebenen Methoden und Gesichtspunkte wurden in diesem Buch anzuwenden gesucht.

Inwiefern ich dies für möglich und wissenschaftlich berechtigt halte, habe ich in meinem Buch *Goethe und die Heilkunst* (1935, 2. bearbeitete Auflage Stuttgart 1957) darzustellen versucht. Auf methodologische Ausführungen kann ich deswegen in diesem Zusammenhang verzichten. Eine gewisse Schwierigkeit der vorliegenden Darstellung sehe ich allerdings darin, daß im ersten Teil nicht alle Begriffe in der für das Verständnis wünschenswerten Klarheit systematisch herausgearbeitet werden konnten. Ich versuchte deswegen die Schilderung der einzelnen Epochen so zu halten, daß der Leser sich in die Geschichte des Problems einleben könnte.

Erst im zweiten Teil ist eine systematische Darstellung angestrebt. Man wird also vielleicht, um den ersten Teil verstehen zu können, ihn nach der Durcharbeitung des zweiten Teiles nochmals lesen müssen.

Ich konnte mich aber trotz dieser Schwierigkeit nicht entschließen, den geschichtlichen Teil fortzulassen, obwohl dazu noch die Bedenken kamen, daß mir auf diesem Gebiet die Fachkenntnisse fehlen und der fragmentarische Charakter dieses Teiles, je länger ich daran arbeitete, mir immer deutlicher wurde. Denn ich fand andererseits, daß den Fachleuten meistens die Gesichtspunkte fehlen. Und dann schien mir doch, daß das Problem des Todes durch die geschichtliche Betrachtung erst in die geistige Perspektive gerückt wird, durch die wir unsere eigene Stellung zu ihm klar überschauen können.

Wie mir scheint, vollzieht sich da auf geistigem Gebiet etwas Ähnliches, wie es sich auf dem Gebiet der Sinneswahrnehmung für unseren Kulturkreis im 14. bis 15. Jahrhundert vollzogen hat. Damals eroberte die europäische Menschheit sich das perspektivische Sehen, das seitdem für uns eine selbstverständliche Voraussetzung geworden ist.

Und Ähnliches erleben wir heute an den Problemen: wir können uns nicht damit begnügen, sie nur von »unserem« Standpunkt aus anzusehen, sondern wir wollen sie in ihrer geschichtlichen Entwicklung betrachten, um so auch für unseren Standpunkt die richtige Perspektive zu bekommen.

Auch für die Darstellung naturwissenschaftlicher Probleme ist dies heute bereits eine Selbstverständlichkeit geworden, wenn dabei auch meistens der »Wagner-Standpunkt« eingenommen wird: »wie *wir* es doch zuletzt so herrlich weit gebracht«. – Die geschichtliche Betrachtung wird nicht fruchtbar, weil die Anschauungen früherer Zeiten nur als veraltet, als Ausdruck primitiver Entwicklungsstufen oder als Kuriosität betrachtet werden. Wir stehen eben den geschichtlichen Dingen gegenüber vielfach noch auf dem Standpunkt, den die Naturwissenschaften in der Zeit vor dem Aufkommen der Entwicklungslehre gegenüber den unendlichen Formen der Tierwelt einnahm: man registriert, beschreibt, sammelt, aber man sieht keinen inneren Zusammenhang.

Und wie der heutige Naturwissenschaftler sich nicht damit zufrieden gibt, Form und Entwicklung eines einzelnen Lebewesens zu beschreiben, sondern die verschiedenen Zustände als plastische Erinnerungen an die Gesamtentwicklung betrachtet – Haeckels biogenetisches Grundgesetz –, so werden wir uns erst selbst verstehen, wenn wir mit Verständnis in die Anschauungen früherer Zeiten eindringen, wenn wir in ihnen Entwicklungsstufen unserer eigenen Anschauungen erkennen.

Dann aber liegt es nahe, mit Lessing (*Die Erziehung des Menschengeschlechts*) anzunehmen, daß wir selbst es sind, die sich in der Teilnahme an den verschiedenen Kulturepochen durch die Zeiten hindurch entwickelt haben. Und im Begreifen der Vergangenheit erkennen wir, wie recht Plato hatte, wenn er sagte, daß wir nur das begreifen können, was wir schon einmal gewußt und dann vergessen haben: das Vergangene erscheint wie eine verblaßte Erinnerung. Historische Erkenntnis wird zur erweiterten Selbsterkenntnis.

So erweitern wir unseren geistigen Raum. Wir fühlen unsere gegenwärtige Erkenntnisart nicht mehr durch die historische Bedingtheit relativiert und letzten Endes entwertet, sondern weil wir vergangene Anschauungen in ihrer Berechtigung und notwendigen Begrenzung erkennen, dürfen wir auch die eigene als notwendiges Glied in einem großen geistigen Zusammenhang empfinden. Das menschliche »Ich« offenbart sich als Träger und perspektivischer Blickpunkt der Menschheitsentwicklung.

# Das Bild des Todes
# im Bewußtsein früherer Zeiten

*Das alte Indien*

Weite und Stille des Hochgebirgs glaubt man zu atmen, wenn man die Geisteswelt der alt-indischen Zeit betritt. Wie der auf dem Gipfel angelangte Wanderer mit einem einzigen Blick die Wellenzüge der Grate und die in kalten Nebel gehüllten Täler überschaut und vielleicht beobachtet, wie ein Bergsteiger aus dem Nebel auftaucht, eine Zeitlang im Sonnenschein wandert, um wieder im Nebel unterzutauchen, bis er abermals nach Stunden sichtbar wird, – so liegt vor dem Blick des indischen Weisen die Reihenfolge der wiederholten Erdenleben sichtbar ausgebreitet.

In den Upanischaden wird eine Szene geschildert, die mehr als theoretische Betrachtungen geeignet ist, uns einen Blick in die Seelenverfassung des alten Indertums zu gewähren[1].

Der Knabe Naciketas wird aus religiösen Gründen von seinem Vater dem Tode geweiht. Und zum Geleit wird ihm folgende Meditation auf den Weg ins Jenseits mitgegeben:

»Sieh auf die Früheren rückwärts,
Sieh vorwärts auf die Folgenden.
Zur Ernte reift der Mensch wie das Korn,
Wie das Korn ersteht er wieder neu.«

Der Vergleich mit dem Korn zeigt deutlich, was gemeint ist: die Wiederkehr der menschlichen Seele in immer neuen Erdenleben. Das menschliche Denken ist in dieser Zeit noch naturverbunden; das Anschauen der Naturvorgänge löst in der Seele noch unmittelbar Erkenntnisse aus. Mit der Gewißheit im Herzen, daß viele frühere Leben schon hinter ihr liegen und viele künftige noch folgen werden, betritt die Seele den Weg des Todes.

---

[1] Die Schilderung zeigt zwar buddhistischen Einschlag, doch dürfte auf sie zutreffen, was von vielen Dokumenten früherer Kulturen gilt: daß sie im Kern aus älteren Zeiten stammen, aber erst verhältnismäßig spät aufgeschrieben wurden und dadurch spätere Einflüsse aufnehmen konnten.

Für Naciketas, den Brahmanen, bietet dieser Weg nichts Schreckliches; er sieht im Tod die beste Gelegenheit, um Erkenntnisse zu erlangen, die dem menschlichen Geiste sonst unzugänglich sind.

Es wird nun geschildert, wie Naciketas nach dem Überschreiten der Todesschwelle drei Tage in der Wohnung des Todes weilt, ohne von diesem empfangen und bewirtet zu werden. Damit begeht aber der Todesgott gegenüber dem jungen Brahmanen eine Unterlassung, zu deren Ausgleich er ihm die Erfüllung dreier Wünsche verspricht.

Es ist offenbar, daß diese Erzählung nicht wörtlich gemeint sein kann; es liegt, wie bei allen hymnischen Texten, eine bildhafte Einkleidung allgemeingültiger Wahrheiten zugrunde[2]. Sie sollen dem Hörer und Schüler nicht eine theoretische Kenntnis vermitteln, sondern ihn vor allem instand setzen, im gegebenen Fall das Richtige zu tun. Wissen ist Wegweisung.[3] »Wer mit solcher Kenntnis aus dieser Welt scheidet, geht mit seiner Stimme in das Feuer ein, mit seinem Auge in die Sonne, mit seinem Geist in den Mond, mit seinem Gehör in die Himmelsgegenden, mit seinem Hauch in den Wind. Zu einem Bestandteil davon geworden, wird er zu der von diesen Gottheiten, zu welcher er will, und kommt zur Ruhe.« (Aus dem Satapatha-Brahmana)

Naciketas geht wohlvorbereitet durch die Todespforte: in seiner Seele lebt nichts, das ihn an die Erde fesseln könnte; kein Wunsch nach irdischer Nahrung erinnert ihn an den abgelegten Leib. So besteht er siegreich die verlockende Situation, als der Todesgott ihm die Erfüllung dreier Wünsche verspricht.

Sein erster Wunsch: daß Gautama Buddha milde und gütig gegen ihn sein möge, und auch der zweite: den Weg zum Himmel kennenzulernen und die Kenntnis des himmlischen Feuers zu erlangen, werden ihm erfüllt. Schwierigkeiten entstehen aber, als der Knabe als dritten Wunsch äußert: zu wissen, wie es sich mit den verstorbenen Menschen verhält.

---

[2] Rudolf Steiner schildert, wie der Mensch, nachdem er den physischen Leib verlassen hat, drei Tage im Anschauen seines vergangenen Lebens verharrt, das in zusammenhängender Bilderfolge vor ihm abrollt. In dieser Zeit lebt er ganz in sich; er bedarf nicht der »Nahrung«. Vgl. den Abschnitt ›Das Lebenspanorama‹, S.102

[3] Am deutlichsten zeigt sich dies an den Texten des ägyptischen und vor allem des tibetanischen *Totenbuches*.

*Naciketas*: Es besteht ein Zweifel hinsichtlich des verstorbenen Menschen. Die einen sagen: »Er ist«; die andern sagen: »Er ist nicht«. Von dir belehrt, möchte ich darüber Aufschluß haben, das ist der dritte meiner Wünsche.

*Der Tod*: Auch die Götter hatten einst hierüber Zweifel; denn man kann das nicht leicht ergründen; das ist ein sehr feines Gesetz. Bitte dir einen anderen Wunsch aus; bedränge mich nicht, erlaß mir diesen.

*Naciketas*: Auch die Götter hätten einst hierüber Zweifel gehegt? Sagst du, Todesgott, es sei nicht leicht zu ergründen, und solch ein Lehrer wie du ist sonst nicht zu finden, – dann kommt kein anderer Wunsch diesem gleich.

*Der Tod*: Erwähle dir Söhne und Enkel, die ein volles Jahrhundert leben, reichlich Vieh, Elefanten, Gold und Rosse. Erwähle dir eine große Fläche Landes und lebe sonst so viele Herbste als du wünschest. Fordere nach Belieben alle Genüsse, die in der Welt der Sterblichen schwer zu erlangen sind; liebliche Mädchen hier und mit ihnen Wagen und Musik, wie die Menschen sie nicht erlangen. Ich gewähre sie; laß dich von ihnen bedienen. Naciketas, nach dem Sterben frag mich nicht.

*Naciketas*: Das sind, o Todesgott, für den Menschen Genüsse, die morgen nicht mehr sind. Sie nehmen all' seinen Sinnen die Schärfe. Kurz ist unser ganzes Leben. Behalte die Wagen, Tanz und Gesang. Der Mensch läßt an Besitz sich nicht genügen. Wenn wir dich gesehen haben, werden wir besitzlos sein. Wir werden leben, so lange du es gebieten wirst. Der Wunsch, den ich mir ausbitte, bleibt der gleiche.

Es folgen dann noch an dieser wie an anderen Stellen Belehrungen über das »Selbst«, aber man hat den Eindruck: der indische Weise, obwohl sein Schauen in der sinnlichen wie in der geistigen Welt ihm die Gewißheit von der Wiederkehr der menschlichen Seele in neuen Erdenleben gibt, dürstet doch nach der Erkenntnis des »Ich« – aber dieses entzieht sich seinem Schauen. Und weil er im Leben die Erkenntnis nicht erreichen kann, so sucht er sie im Tode; der Tod ist der große Lehrer, der höchste Initiator.

Denn der Tod, so wie ihn das gewöhnliche Bewußtsein kennt, ist die größte Täuschung der Sinnenwelt, die eine Welt der Maya für die Menschheit wurde, als ihr das Schauen der geistigen Welt erlosch. Wem aber das geistige Auge erhellt war, der schaute hinter dem finsteren Bild des Todes als wahre Wirklichkeit den Sonnengeist, der die Seelen zu sich ruft von der Erde und der sie in der geistigen Welt wieder »sterben« läßt, damit sie auf Erden »geboren« werden.

So heißt es im Satapatha Brahmana: »Der, der dort brennt (die Sonne), ist fürwahr der Tod. Weil *er* der Tod ist, darum sterben die Wesen, die sich diesseits von ihm befinden. Jenseits von ihm sind die Götter, darum sind diese unsterblich. Durch seine Strahlenzügel sind alle Wesen zum Lebenshauch erweckt.«

Der Mensch, der so sprechen konnte, durchschaut noch die äußere Erscheinung des Todes und sieht hinter ihm das von der Sonne herunter- und wieder zu ihr hinströmende Leben. Zu ihrem eigentlichen Wesen kehren die Menschen zurück, wenn sie sterben, und in diesem Sinne bekäme das Wort »verwesen« seine eigentliche Bedeutung. Der Tod ist das Tor, durch das man zum Leben zurückkehrt.

Vielleicht das ergreifendste Zeugnis für das innerliche Erleben der indischen Seele ist die Meditation eines Yogi in der Sterbestunde, wie sie uns der Ischa-Upanischad überliefert. Der Sterbende ruft Puschan an, der die Seele geleitet:

> »Mit goldener Scheibe
> ist das Antlitz der Wahrheit bedeckt.
> Enthülle, Puschan, uns dies Geheimnis,
> daß wir Recht und Wahrheit schauen.
> Puschan, zerteile deine Strahlen.
> Vereine dein Licht.
> Ja, ich sehe deine allerhöchste Gestalt.
> Dort, jeder Mann [in der Sonne] bin ich.
> Der Hauch werde zum Winde, dem Unsterblichen:
> in Asche ende dieser Leib.«

Uraltes Geistesleben tönt in diesem Gebet nach. Die Sonne wird noch vollkommen als Tor zur Wahrheit erlebt; ihre physische Erscheinungsform ist durch den irdischen Leib bedingt, also Maya. In dem Augenblick, wo die Macht des Irdischen nachläßt, kommt der Sterbende an die Wahrheit heran. Die Strahlen zerteilen sich, das wahre Licht wird zur Offenbarung der geistigen Wesenheit der Sonne; derselben, die Jahrtausende später im Leibe des Jesus sprach: »Ich bin das Licht der Welt«.

Der Inder erlebt in der Sterbestunde das größte Glück seines Lebens: er schaut den Sonnengeist und weiß: mein Ich geht zu ihm. Die Leiblichkeit aber löst sich in Wind und Asche auf.

Der Tod ist ein Schatten, die Wirklichkeit ist im Licht.

Für eine Seele, die von der Erkenntnis der geistigen Wirklichkeit wie von der Mittagssonne überleuchtet ist, kann der Tod nichts Erschreckendes haben. Und wenn in der indischen

Zeit der Arzt sah, daß eine Krankheit unheilbar war, so nahm er den Kranken nicht in Behandlung, sondern riet ihm, »er solle auf einem schmalen Fußpfade fortgehen, bis zu der unsichtbaren nordöstlichen Landzunge, von Wasser und Luft leben, bis seine irdische Hülle dahinsinkt und seine Seele sich mit Gott verbindet«.

Für den Inder ist der Tod die Pforte zum Jenseits; aber diese Pforte ist ihm nicht verschlossen – er schaut durch sie hindurch in die geistige Welt.

## Die persische Zeit

Wie alles lebendige Geschehen vollzieht sich auch die Menschheitsentwicklung in Rhythmen. Kulturen entfalten sich, kommen zur Blüte und vergehen wiederum; oder erstarren in leeren Formen. Eine neue Stufe erreicht die Menschheit erst wieder in einer neuen Kultur.

Die alte indische Zeit, mit ihrem fast noch unverschleierten Ausblick in die geistige Welt, konnte noch nicht die Liebe zur Erde entwickeln. Erst in Persien, unter Zarathustras strenger Führung, lernte der Mensch die Erde als seine Heimat betrachten und die Arbeit an ihr als seinen Lebensinhalt empfinden.

In den heiligen Schriften der Perser heißt es:

»Wer erfreut mit größter Freude diese Erde?« – Darauf antwortete Ahura Mazda: »Wenn man fürwahr am meisten Getreide und Weideländer und fruchttragende Pflanzen anlegt, oder wenn man trockenes Land auf ihr bewässert, oder Wasser auf ihr trockenlegt.« – »Wer Getreide anbaut, der baut das Gesetz an, der fördert förderlichst die Religion der Mazdaanbeter ...« Darum soll man den Spruch wiederholen: »Keiner der Hungernden hat weder Kraft zu tüchtiger Frömmigkeit, noch zu tüchtiger Viehzucht, noch zu tüchtiger Sohnerziehung. Denn vom Brot lebt die ganze bekörperte Welt, ohne Brot muß sie sterben.«

Bis in alle Einzelheiten hinein ordnet darum die persische Religion die Angelegenheiten des täglichen Lebens, regelt sie die Pflege des Ackers und die Zucht der Haustiere, wie die Bekämpfung und Ausrottung der schädlichen Tiere.

Der Haushahn weckt frühmorgens die Menschen zur Arbeit und warnt sie vor der Dämonin der Schläfrigkeit; er mahnt sie: »Verschlafe nicht die drei besten Dinge: gutgedachte Gedanken, gutgesprochenes Wort, gutgetanes Werk!« – Arbeit,

Ordnung und Reinlichkeit in jeder Beziehung waren die praktischen Ideale der persischen Zeit.

Aber es entspricht einer inneren Gesetzmäßigkeit, daß der Mensch, je mehr er sein Interesse der physischen Welt zuwendet und erdentüchtig wird, um so mehr den Blick in die geistige Welt verlieren muß. So erscheinen auch die Erlebnisse der persischen Seele nach dem Tode begrenzter und ärmer als in der indischen Zeit; das Erleben in der irdischen Welt, das an den Leib gebundene Vorstellen wirft seine Schatten über die Schwelle des Todes hinaus und läßt der Seele die geistige Welt der irdischen ähnlicher erscheinen als sie in Wirklichkeit ist.

Scharf unterschieden wird, wie immer in der persischen Zeit, auch in dieser Beziehung zwischen dem Los der Seele eines »Rechtgläubigen« und der eines »Falschgläubigen«.

Es fragte Zarathustra den Ahura Mazda: »Ahura Mazda, heiligster Geist, Schöpfer der körperlichen Wesen, Rechtgläubiger! Wenn ein Rechtgläubiger stirbt, wo verweilt während dieser Nacht seine Seele?«

Darauf sprach Ahura Mazda: »Nahe bei seinem Haupte sitzt sie ruhig, indem sie die Gatha Ushtavaiti (eine Gebetshymne) aufsagt und sich Glück wünscht ... Während dieser Nacht sieht die Seele ebensoviele Freude wie in der ganzen Zeit des Lebens.«

Dieselbe Darstellung wiederholt sich für die zweite und dritte Nacht. –

Auch in Persien lebt also die Erkenntnis von der Besonderheit der ersten drei Tage nach dem Tode, in denen sich die Rückschau auf das vergangene Leben abspielt. Dann beginnt die Seele ihre neue Außenwelt wahrzunehmen:

»Im Ausgang der dritten Nacht, wenn der Morgen graut, glaubt die Seele des rechtgläubigen Mannes unter Bäumen zu sein, und sie glaubt Wohlgerüche zu unterscheiden. Ein Wind scheint sie anzuwehen von der südlichen Seite, von den südlichen Seiten, ein duftender, duftiger als die andern Winde. Und die Seele des rechtgläubigen Mannes meint diesen Wind mit der Nase einzuziehen: ›Woher weht dieser Wind, der wohlriechendste, den ich jemals mit der Nase gerochen habe?‹ Im Nahen dieses Windes erscheint ihm sein eigenes religiöses Gewissen in Gestalt eines schönen Mädchens, eines vornehmen, mit weißen Armen, eines kräftigen, mit schönem Antlitz, eines freudig erregten, hochbusigen, von edlem Leib, eines hochgeborenen aus reicher Familie, eines fünfzehnjährigen von Antlitz, am Körper von so großer Schönheit wie die Schönsten der Geschöpfe. Und die Seele des rechtgläubigen Mannes redet sie fragend an: ›Was für ein Mädchen bist du, die ich von allen Mädchen an Körper als die Schönste gesehen habe?‹ Darauf gibt sein religiöses Gewissen zur Antwort: ›Ich bin ja, o Jüngling, von gutem Denken, gutem Reden, gutem Handeln, gutem Gewissen, dein eigenes persönliches Gewissen.‹ – › Und wer hat dich geliebt in dieser Hoheit, Güte, Schönheit, Duftigkeit und siegreichen, Anfechtungen überwindenden Kraft, wie du mir da erscheinst?‹ – ›Du hast mich geliebt, o Jüngling...‹« usw.

Man sieht, es beginnt jetzt für die rechtgläubige Seele ein »Paradies« sich aufzutun, das zweifellos in seiner Erscheinungsform durch die noch am Irdischen haftenden Wünsche und Erinnerungen der Seele bedingt ist und dadurch »luziferische« Züge zeigt.

Nun kann die Seele nur weiterkommen durch die Kräfte, die sie sich durch ein moralisches Leben angeeignet hat:

»Die Seele des rechtgläubigen Mannes tut den ersten Schritt und setzt ihren Fuß auf den guten Gedanken; die Seele des rechtgläubigen Mannes tut den zweiten Schritt und setzt ihren Fuß auf die gute Rede, die Seele des rechtgläubigen Mannes tut den dritten Schritt und setzt ihren Fuß auf das gute Werk; die Seele des rechtgläubigen Mannes tut den vierten Schritt und setzt ihren Fuß in die anfangslosen Lichter.«

Ebenso anschaulich wird das Schicksal des »Falschgläubigen« nach dem Tode geschildert. Seine Seele rennt »dicht an seinem Schädel« umher, indem sie verzweifelt spricht: »Nach welchem Lande soll ich mich wenden, wohin soll ich meine Zuflucht nehmen?« »...Während dieser Nacht sieht die Seele ebensoviel Traurigkeit wie in der ganzen Zeit des Lebens...« Im Ausgang der dritten Nacht glaubt die Seele des falschgläubigen Mannes in einer Wüstenei zu sein und sie meint, Gestänke zu unterscheiden. Ihr Weg endet in der »anfangslosen Finsternis«. Ahriman, der Herr der Finsternis, befiehlt: »Bringet ihm Speisen von Gift und Giftgestank; das ist für den Jüngling mit schlechten Gedanken, schlechten Worten, schlechten Werken, schlechtem Gewissen die Speise nach dem Verenden...«

Die Seelen der Rechtgläubigen aber erheben sich zu den »goldenen Thronen des Ahura Mazda und der Unsterblichen Heiligen«, sie gehen ein in die geistige Welt.

## Sumer – Babylon

> Als die Götter die Menschen schufen,
> Setzten sie den Tod ein für die Menschheit,
> Das Leben aber behielten sie in ihrer Hand.
>
> Gilgamesch-Fragment, etwa 2000 v. Chr.

Einen weiteren Schritt auf dem Wege zur Eroberung und Beherrschung der Erde tun die Menschen der sumerisch-babylonischen Zeit. Einen Blick in die Seelenverfassung dieser Kultur gewährt das Gilgamesch-Epos. Es schildert die Freundschaft zwischen Gilgamesch und Engidu (Eabani), die durch den Tod des letzteren zerrissen wird.

Und nun ist das Merkwürdige zu beobachten, daß dieses Ereignis für Gilgamesch zum erschütternden Rätsel wird. Wie es scheint, war es Gilgamesch, aus dessen Mund zum ersten Male in der Menschheitsentwicklung der tragische Ton der Totenklage erklang:

> »Engidu, mein lieber Freund, du Panther des Feldes,
> Nachdem wir alles erreicht, den Berg erstiegen,
> Den Himmelsstier packten und dann erschlugen,
> Humbaba niederwarfen, der im Zedernwald wohnte,
> Was ist das nur für ein Schlaf, der dich jetzt packte?
> Finster siehst du aus und hörst nicht meine Stimme!
> Doch der erhebt nicht mehr sein Auge.
> Er berührte sein Herz, doch es schlägt nicht mehr!
> Da deckte er den Freund zu wie eine Braut.
> Einem Löwen gleich brüllte er laut,
> Einer Löwin gleich, die ihrer Jungen beraubt ist.
> Er wendet sich hin dem Toten zu,
> Er rauft sich die Haare...«

Gilgamesch wird von Furcht ergriffen, dasselbe Schicksal könne ihn treffen:

> »Um Engidu, seinen Freund,
> Weint Gilgamesch bitterlich, über die Steppe eilend:
> Ich selbst werde sterben: wird es mir nicht wie Engidu gehen?
> Weh ist eingezogen in mein Herz,
> Todesfurcht hat mich ergriffen, deshalb eile ich über die Steppe...
> Wie kann ich es verschweigen, wie kann ich es hinausschreien?
> Mein Freund, den ich liebe, ist zu Erde geworden,
> Engidu, mein Freund, den ich liebe, ist zu Erde geworden!
> Werde nicht auch ich wie er mich niederlegen müssen,
> Ohne wieder aufzustehen in alle Ewigkeit?«

Gilgamesch kann das Schicksal des Freundes nicht begreifen, weil sein geistiger Blick nicht mehr hinüberreicht über die Schwelle des Todes. Seine Seele hat sich schon so stark in die irdische Welt eingelebt, daß ihre Schaukraft verdunkelt wurde.

In der Hoffnung, das Rätsel des Todes gelöst zu bekommen, begibt er sich auf den Weg zu seinem Urahnen, von dem er weiß, daß er den Tod noch nicht als etwas Schreckliches zu erleben brauchte. Das heißt aber nichts anderes als: er geht den Weg der Einweihung in die alten Mysterien, durch den die Seele zunächst in geistigen Zusammenhang mit den Vorfahren kam. Es zeigt sich darin, daß das Leben auf der Erde, ja die physische Abstammung in dieser Zeit bereits so tief auf die Struktur der Seele gewirkt haben, daß die Art ihres Erkenntnisweges dadurch bedingt wird: anstatt unmittelbar in die geistige Welt schauen zu können, muß sie den »Weg der Ahnen« gehen. – Auf seiner Wanderung trifft Gilgamesch die göttliche Schenkin Siduri, die auf dem Meeres-Thron sitzt. An sie wendet er sich um Auskunft nach dem Wege zum Ahnen, doch sie kann ihm keine Hoffnung geben, denn:

»... Niemand, wer auch seit der Vorzeit Tagen kam, kann das Meer überschreiten.
Wohl hat überschritten das Meer Schamasch, der Held (der Sonnengott),
Doch außer Schamasch, wer wird es überschreiten?
Schwer zugänglich ist die Überfahrtsstelle, schwierig der Weg dorthin,
Und abgründig sind die Wasser des Todes, die als Riegel davorliegen!«

Und als Gilgamesch endlich nach vielen Fährnissen den Zugang zum Ahnen erreicht hat, muß ihm dieser sagen:

»Wütend ist der Tod, keine Schonung kennt er,
Bauen wir ewig ein Haus, siegeln wir ewig?
Teilen Brüder ewig?
Findet ewig Zeugung statt auf Erden?
Steigt der Fluß ewig, die Hochflut dahinführend? ...
Seit jeher gibt es keine Dauer:
Der Schlafende und der Tote, wie gleichen sie einander!
Nicht kann man wiedergeben des Todes Bild ...
Es versammeln sich die Anunnaki, die großen Götter (der Unterwelt),
Mammêtu, die Schicksalschaffende, bestimmt mit ihnen die Geschicke.

Sie legen hin Tod und Leben,
Ohne zu bestimmen des Todes Tage!«

Als es Gilgamesch endlich gelingt, seinen Freund Engidu aus der Unterwelt heraufzubeschwören, scheut sich dieser, seinem Freunde die schreckliche Wahrheit zu sagen:

»Ich will es dir nicht sagen, mein Freund, ich will es dir nicht sagen.
Wenn ich die Ordnung der Unterwelt, die ich schaute, dir sagte,
Müßtest du dich den ganzen Tag hinsetzen und weinen!«
»So will ich mich den ganzen Tag hinsetzen und weinen!«
»Siehe, den Leib, den du anfaßtest, daß dein Herz sich freute,
Den frißt das Gewürm, wie ein altes Kleid!
Mein Leib, den du anfaßtest, daß dein Herz sich freute,
Ist dahingeschwunden, ist voll von Staub!
In Staub ist er niedergekauert,
In Staub ist er niedergekauert!« ...
»Wer den Tod des Eisens starb, sahst du einen solchen?«
 – »Ja, ich sah:
Auf einem Ruhebett ruht er, reines Wasser trinkt er.«
»Wer in der Schlacht getötet ist, sahst du einen solchen?«
 – »Ja, ich sah:
Sein Vater und seine Mutter halten sein Haupt, und sein Weib ist über ihn gebeugt.«
»Dessen Leichnam aufs Feld geworfen ist, sahst du einen solchen?«
 – »Ja, ich sah:
Sein Totengeist ruht nicht in der Erde.«
»Dessen Totengeist ein Pfleger nicht hat, sahst du einen solchen?«
 – »Ja, ich sah:
Im Topf Gebliebenes, auf die Straße geworfene Bissen muß er essen.«

Wir sehen: für Gilgamesch ist der Tod ein durchaus sinnloses Geschehen. Dies muß eigentlich erstaunlich erscheinen, da es ihm doch gelingt, durch sein Eindringen in die Welt der Toten die Seele seines Freundes in ihrem jenseitigen Zustande zu schauen. Aber das Rätsel des Todes löst sich dadurch nicht für ihn; für ewig scheint der Tod die Freunde zu trennen.

Ebenso trostlos ist das Bild, das in der »Höllenfahrt der Ischtar« von der »Unterwelt« entworfen wird:

»Nach dem Lande ohne Heimkehr, dem finstern Lande,
Richtet Ischtar, des Mondes Tochter, ihren Sinn.
Es richtet des Mondes Tochter ihren Sinn
Nach der Behausung der Finsternis, der Wohnung Irkallas,
Nach der Behausung, die niemand wieder verläßt, der sie einmal betrat,

Nach dem Wege, dessen Hinweg nie wieder zurückführt,
Nach der Behausung, deren Bewohner dem Licht entrückt sind,
Wo Erde ihre kümmerliche Nahrung, Lehm ihre Speise ist,
Wo sie das Licht nicht schauen, in Finsternis wohnen;
Wo sie bekleidet sind wie Vögel im Flügelgewand;
Wo über Tür und Riegel Staub sich breitet...«

Ähnliche Beispiele ließen sich noch viele anführen; die genannten lassen hinreichend erkennen, welch ein gewaltiger Wandel sich in der menschlichen Seele seit der urpersischen Zeit vollzogen hat. Und wenn auch, wie A. Jeremias, wie mir scheint, einleuchtend gezeigt hat, die sumerisch-babylonische Kultur ursprünglich durchaus kosmisch-geistig orientiert war, so ist doch offenbar im Laufe der Zeit ein Verfall eingetreten. Die Menschen verloren mehr und mehr das Verständnis für die geistige Wirklichkeit, und »statt des Sternengeistes wurde der Stern und statt anderer Geistwesen deren irdische Abbilder in den Vordergrund geschoben«.[4]

Es wäre interessant, der Frage nachzugehen, warum und wieso die babylonische Kultur trotz einer ursprünglich hochentwickelten Geisteslehre[5] völlig in geistige Dekadenz geriet. Man hat den Eindruck, daß diese, ursprünglich aus Indien stammende, ganz auf geistige Schau begründete und auf Verwirklichung des Geschauten gerichtete Kulturströmung in Babylon an ein vorläufiges Ende kommt, wie in eine Sackgasse gerät. Die Herrscher, ursprünglich Weise, werden zu Tyrannen; die Priester, ursprünglich Eingeweihte, erstarren in Dogmatismus und entarten in Aberglauben und Scharlatanerie. Warum, muß man sich fragen, dieser Abstieg? Waren es äußere Gründe, oder ging Babylon durch eine innere Notwendigkeit zugrunde?

Wie wenig äußere Faktoren, und seien sie noch so mächtig, für Aufstieg oder Niedergang einer Kultur bedeuten, zeigt das Beispiel der Griechen. Vielmehr: wenn die Weltenstunde geschlagen hat, die eine Kultur, ein Volk in den Vordergrund der Weltenbühne ruft, dann sind auch helfende Mächte da, die oftmals gerade die äußeren Widerstände zu benutzen scheinen, um weltgeschichtliche Notwendigkeiten zu verwirklichen.

Und der Zeiger der Weltenuhr wies während der babylonischen Kulturepoche nach abwärts: tiefer noch sollte die

---

[4] Vgl. Rudolf Steiner: *Die Geheimwissenschaft im Umriß* (1910), Gesamtausgabe (GA) 13. Dornach 1968.
[5] Vgl. A. Jeremias: *Handbuch der altorientalischen Geisteswissenschaften*.

Menschheit hinein in die Verbundenheit mit der irdischen Welt. Diese innerlich-notwendige Tendenz äußert sich in Babylon zunächst in dem Heraufkommen eines primitiven Materialismus, der aber trotzdem theoretisch das Wissen von der geistigen Welt behält. Und, wie immer, wenn diese beiden Faktoren zusammenwirken, entwickelt sich auch in Babylon daraus das wuchernde Unkraut der Magie und Zauberei, die den sicheren Tod alles wirklichen geistigen Lebens bedeuten. Der Babylonier will die Erde beherrschen – und das liegt im Sinne der Menschheitsentwicklung –, aber er möchte dies Ziel direkt erreichen, indem er ihr seinen Willen durch magische Mittel aufzuzwingen versucht; und er sucht in der irdischen Welt nach dem sichtbaren Abdruck der geistigen Welt, z. B. in der »Leberschau«, um sie für seine persönlichen Zwecke dienstbar zu machen.

Ein solche in sich widerspruchsvolle und stark egozentrische Geisteshaltung mußte begreiflicherweise früher oder später an sich selbst zugrunde gehen; sie mußte – und in Ägypten war dies in ähnlicher Art der Fall – zum Untergang führen, weil, wie wir heute sehen können, das Ziel der Menschheitsentwicklung zunächst die Ausbildung des Denkens war. Dies konnte nur erreicht werden durch die Schulung des Geistes an der irdischen Welt. Der Babylonier aber sah die Welt nicht mehr in ihrer geistigen Gestalt, denn das wirkliche Hellsehen war erloschen; er konnte sie aber auch noch nicht in ihrer rein irdischen Erscheinung wahrnehmen, denn diese wurde ihm getrübt durch seine starren, traditionell festgelegten Vorstellungen. Er sah die Welt durch einen Schleier von Dogma, Spuk und Aberglauben.

Und doch hatte der Babylonier wiederum nicht unrecht, wenn er glaubte, gewisse »endgültig richtige« Wahrheiten gefunden zu haben! – Denn was als geistige Erkenntnis z. B. im Bau der »babylonischen Türme« (deren es viele gab) zum Ausdruck kommt, ist nichts anderes als die Grundstruktur aller gnostischen Systeme. Gewiß waren diese Türme ursprünglich nicht in so naiver Weise, wie die Bibel es schildert, als eine physische »Himmelsleiter« gedacht; aber etwas Richtiges ist schon an dieser Darstellung: in ihrem siebenstufigen Aufbau – und anscheinend auch in siebenstufiger Färbung – boten sie einen anschaulichen Ausdruck des babylonischen Weltbildes, und stellten so im Bilde die Verbindung von »Himmel und Erde« dar. Wer empfänglichen und andächtigen Gemütes diese sieben Stufen erstieg, konnte dabei innere Erlebnisse durchmachen, die ihn mit der geistigen Welt in eine, der damaligen Zeit entsprechende, innerlich-reale Beziehung brachten.

Aber trotzdem hat die Bibel recht, wenn sie gerade in dem Erbauen dieser Türme ein Zeichen menschlichen Hochmutes sieht. Der damit verbundene Anspruch auf den alleinigen Besitz der Wahrheit, das Verfestigen der Weltanschauung durch die sichtbare Darstellung, mußten auf die Dauer hemmend für die weitere Entwicklung wirken. Die babylonische Theologie konnte nicht ein für die ganze Menschheit gültiges Weltbild schaffen.

Vorerst sollte die Menschheit lernen, in vielen »Sprachen« die Wahrheit zum Ausdruck zu bringen. Weil Babylon dies nicht begriff, ist es uns trotz seiner Weisheit heute noch Symbol für eine Geisteshaltung, die sich durch hochmütige Beschränktheit selbst zur Geistesblindheit und zum Untergange verurteilt.

Es ist begreiflich, daß eine solche Entwicklung des Bewußtseins auf das Verständnis der geistigen Welt und das Durchschauen des Todesrätsels verfinsternd zurückwirken mußte. Und wir verstehen, daß der Babylonier mehr und mehr im Tod ein schreckliches und unverständliches Ereignis sah, vor dem er am liebsten die Augen verschließen möchte. Damit im Zusammenhang ist auch offenbar das Wissen von der Wiederkehr der Seele in wiederholten Erdenleben verlorengegangen, obgleich das ganze Denken des Babyloniers dazu neigt, die Wiederkehr des Gleichen zu betonen. A. Jeremias hat diese Art des Denkens »das Kreislaufdenken« genannt: »Das Verlorene kehrt nicht wieder«, ist »ägyptisch« gedacht. »Das Verlorene kommt wieder«, Endzeit (wenn auch relativ gemeint) muß gleich Urzeit sein, ist »sumerisch« gedacht.

Um so mehr muß es auffallen, daß dem babylonischen Denken das Wissen von der Reinkarnation verlorenging – denn daß es ihm ursprünglich zu eigen war, kann m. E. bei der Nähe Indiens nicht zweifelhaft sein.

Wie Jeremias[6] berichtet, kennen »die gnostischen Systeme der Weltreligion nicht die einfache einmalige geschichtliche Verankerung des Menschen als eines göttlichen Geistwesens in dieses Erdendasein. Sie haben vielmehr alle die Anschauung gemeinsam, daß das im Menschen eingeborene Ichselbst in einem Erdenleben nur eine seiner vielen irdischen Wanderstationen hat, in die er immer wieder zurückkehren

---

[6] A. Jeremias: *Die Erlöserwartung alter Völker*, Berlin 1927.

muß, sei es im Sinne einer allgemeinen Seelenwanderung oder nur in Wiederholung menschlicher Existenzen, bis er die Wanderung, die aus der Entwicklung höherer Sphären kam, mit dem Ertrag des Erdenlebens in außerirdischen Existenzen fortsetzt«.

Dieselbe Erscheinung treffen wir ja auch in anderen Kulturen. So war z. B. in der germanischen Urzeit die Vorstellung der Wiederverkörperung zum mindesten nichts Ungewöhnliches[7], und zur Zeit Christi scheint sie in Palästina eine populäre Anschauung gewesen zu sein. »Wie häufig hören wir in den Talmuden die Pharisäer mit den Sadducäern über die Auferstehung streiten, aber über Seelenwanderung verlautet nichts, außer, daß hie und da vorausgesetzt zu sein scheint, ein und derselbe Mensch könne zu verschiedenen Zeiten unter verschiedenen Namen und Verhältnissen in der diesseitigen Geschichte auftreten – eine Vorstellung, welche zur Zeit Jesu Volksaberglaube gewesen zu sein scheint...«[8]

Jedenfalls wird ja in den Evangelien berichtet, daß die Juden vor dem Kommen Christi die Wiederkunft des Elias erwarteten; und Christus bestätigte ihnen bekanntlich, daß Elias in Johannes dem Täufer wiedererschienen sei.

Wir müssen also mit der Tatsache rechnen, daß gewisse Wahrheiten eine Zeitlang aus dem Bewußtsein der Menschheit – oder wenigstens eines Teiles derselben – verschwinden und wie völlig vergessen erscheinen. Und daß das Wissen von der Wiederverkörperung der menschlichen Seele zunächst vergessen werden mußte, erscheint begreiflich, wenn wir voraussetzen, daß der Mensch zu einem persönlichen Ichbewußtsein kommen sollte. Denn dies konnte nur erreicht werden, wenn die Seele so tief in die Leiblichkeit eintauchte, daß sie jede Erinnerung an das vorgeburtliche Leben in der geistigen Welt verlor.

In diesem Sinne kann man die vorchristlichen Kulturen als die aufeinanderfolgenden Stufen des Inkarnationsprozesses der Menschheit begreifen, und man kann verstehen, daß in demselben Maße, in dem die Seele die Leiblichkeit durchdrang, ihr das frühere natürliche Wissen von der geistigen Welt verlorengehen mußte. In der babylonischen Kulturepoche machte die menschliche Seele einen energischen Schritt vorwärts in der Durchdringung der Leiblichkeit; sie mußte dabei das Vergessen eines Teiles ihrer früheren Weisheit in Kauf nehmen. Die Menschheit schickte sich an, das finstere »Tal des Todes« zu durchschreiten.

---

[7] Vgl. E. Bock: *Wiederholte Erdenleben.* 6. Aufl., Stuttgart 1975.
[8] Vgl. F. Delitzsch: *System der biblischen Psychologie.*

## Ägypten

Keine der früheren Kulturepochen ist uns ihren Äußerlichkeiten nach so gut bekannt wie die ägyptische. Keine Inschrift, die wir nicht lesen könnten, kein Papyrus, dessen Inhalt uns verschlossen wäre. Und doch: können wir sagen, daß wir den Ägypter wirklich verstehen?

Solange gewiß nicht, als wir seine Stellung zum Tode nicht begreifen. Denn für den Ägypter ist der Tod nicht einfach das Ende des Lebens, sondern das ganze Leben erscheint in Ägypten wie imprägniert mit dem Gedanken an den Tod. Und ebenso die ganze Geschichte. Am Anfang stehen die gewaltigen Pyramiden, nach kosmischen Gesetzmäßigkeiten aufgetürmt, damit der Pharao darin eine würdige Ruhestätte finde. Man fühlt: dem Erbauer kam es mehr darauf an, daß der Leib in der »richtigen«, d.h. kosmisch ausgerichteten Umgebung ruhe, als daß dieser selbst erhalten bliebe. Eine durchaus spirituelle Gesinnung liegt dem Pyramidenbau zugrunde.[9]

Und das Ende der dreieinhalb Jahrtausende, die die ägyptische Epoche umfassen, bildet wortwörtlich – ein riesiger Friedhof, am Rande der Wüste, mit unzähligen Leichnamen angefüllt. Aber die Leichname vergehen nicht wie alles vom Leben Verlassene, sondern vermöge geheimnisvoller, uns auch heute noch nicht ganz bekannter Substanzen wurden sie der Verwesung entrissen und starren uns in den Museen noch heute genau so an, wie sie Jahrtausende in das Dunkel ihrer Grabkammer gestarrt haben.

Ist es nicht eigentlich ein erschreckender Gedanke, daß die Leichname der etwa 200 Millionen Menschen, deren Leben die dreieinhalb Jahrtausende der ägyptischen Kulturepoche erfüllte, Jahrhundert um Jahrhundert im Sande der Wüste oder in den eng gedrängten Felsengräbern angehäuft werden, wie abgelegte Hüllen, die niemand mehr gebrauchen kann und auf deren Erhaltung der frühere Träger doch den größten Wert legte?

Wie fasziniert ist der Blick des Ägypters auf den Tod gerichtet. Ein schönes Grab vorzubereiten ist seine erste Sorge, sobald er zu Vermögen kommt. Kein größeres Unglück kann er sich denken, als wenn beim Eintritt des Todes das standesgemäße Grab nicht fertig wäre!

---

[9] Vgl. Ernst Bindel: *Die ägyptischen Pyramiden als Zeugen vergangener Mysterienweisheit*. 4. Aufl., Stuttgart 1975.

So durchzieht, trotz einer durchaus gesunden und starken Diesseits-Freudigkeit, die Stimmung des »Immer bereit sein« das ganze Leben des Ägypters. Der weise Ani mahnt seinen Sohn, stets an den Tod zu denken:

»Dein Bote kommt zu dir,
Er macht sich bereit gegen dich.
Sage nicht: Ich bin noch jung!
Du kennst deinen Tod nicht.
Der Tod kommt und gebietet dem Kind,
das in den Armen der Mutter liegt,
wie dem Manne, der alt geworden ist.«

Und wir finden Lieder aufgezeichnet, die zur Harfenbegleitung bei den Gastmählern gesungen wurden, in denen die Zechenden gemahnt werden, des kommenden Todes zu gedenken, wobei nach Plutarchs Bericht ein Mumienbild herumgereicht wurde, um durch die Erinnerung an den Tod zum Genuß des flüchtigen Lebens anzufeuern.

Nicht zu allen Zeiten hat man in Ägypten die Leichname mumifiziert. Im alten Reich wurde der Tote zuerst in hockender Stellung beigesetzt, später in liegender. Und erst nachdem die Pharaonen etwa der 5. Dynastie anfingen, ihre Leichname einbalsamieren zu lassen, wurde dies auch von den Untertanen nachgeahmt.

Oberflächlich gesehen könnte diese Sitte als Ausdruck eines primitiven Egoismus erscheinen, der sein körperliches Selbst über den Tod hinaus erhalten möchte. Horcht man aber auf die Texte, die bei der Zeremonie der Einbalsamierung rezitiert wurden, so kann man sich dem Eindruck nicht entziehen, daß ihr doch tiefere Einsichten in geistige Wirklichkeiten zugrunde liegen und daß ihr Sinn ursprünglich nur ein rein geistiger gewesen sein kann. Nicht die äußere Erhaltung der Leiblichkeit war der leitende Gesichtspunkt, sondern es sollte eine geistige Beziehung zwischen der Seele des Toten und seiner Leiblichkeit hergestellt werden.

Auch der Sumerer zwar betrachtete den Leib als ein Werk des (geistig gedachten) Kosmos, als einen Mikrokosmos; aber der Leichnam und das Grab interessierten ihn nicht mehr, und vollends zu der Welt der Toten wollte er keine Beziehungen haben. Und weiter östlich – der Inder sah in der Leiblichkeit nur das Gefängnis der Seele, das sie hindert, die geistige Welt unverschleiert wahrzunehmen; sein Ziel konnte deswegen nur sein, sich ihren Fesseln möglichst schnell durch Yoga, d. h. Übung, zu entringen. Sehr viel von dieser Stimmung ist heute noch in Indien, Tibet, China und in verwandelter Form in Japan lebendig.

Dem alten Ägypter dagegen wurde durch die Einbalsamierung nachdrücklich vor Augen geführt: der Leib ist etwas außerordentlich Wichtiges, seine Bedeutung reicht über den Tod hinaus, ja bis in alle Ewigkeit hinein. Nach dem Tode wird zwar die Seele in die geistige Welt übergehen, aber allzu leicht verliert sie doch das Bewußtsein, wenn sie – wie während des Schlafes – die Stütze der Leiblichkeit entbehren muß. Denn den Leib empfand der Ägypter, ja er erlebte ihn täglich in all seinen einzelnen Organen als durchgeistigt, und leicht war es der Seele, wenn sie in ihn untertauchte, sich selber Form und Sinn zu geben. Mußte aber nicht die Seele in Bewußtlosigkeit versinken, wenn der Leib in seinem sinnvollen Aufbau ihr nicht mehr die Ordnung und Gliederung des Seelenlebens ermöglichen würde?

Und so entstand für den Ägypter das Problem: wie kann man der Seele nach dem Tode die Stütze der Leiblichkeit verschaffen, damit sie in der jenseitigen Welt sich bewegen, hören, empfinden, denken – mit einem Wort: »Mensch« bleiben kann? – Dies Problem suchte der Ägypter durch die Konservierung der Leiblichkeit zu lösen.

Zum ersten Male in der Menschheitsgeschichte tritt hier der Wille auf, das *persönliche* Bewußtsein, so wie es sich in diesem Leben entwickelt hat, der Auslöschung durch den Tod zu entziehen. – Der Assyrer hatte sich protestierend in dieses Schicksal ergeben; der Inder sah gerade in dem persönlichen Bewußtsein die Wurzel alles Übels und wollte deswegen das »Selbst« auflösen, um in Brahman, der Weltseele, aufzugehen. Der Ägypter aber will dem Tode trotzen; er hofft durch einen Kunstgriff der Auflösung des Seelenlebens entgehen zu können.

Man mag von unserem heutigen Bewußtsein aus diesen Versuch als töricht ansehen, aber man wird zugeben müssen, daß der Gedanke etwas Grandioses hat: durch menschliche Intelligenz den Tod gewissermaßen zu überlisten. – Und welch ein ungeheurer Wille zur Erhaltung seiner geistigen Existenz spricht sich darin aus! Zum ersten Male in der Menschheitsgeschichte gebiert sich aus der menschlichen Seele der *Wille zur individuellen Unsterblichkeit.*

Doch wir müssen, um dies nicht sinnlos zu finden, uns noch besser damit bekannt machen, welche Auffassung der Ägypter vom *Wesen der Leiblichkeit* hatte. – Er war sich darüber klar, daß sie nicht durch irgendwelche äußeren, rein irdischen Prozesse hätte entstehen können; aber auch die Seele selber, in ihrer Schwäche und Unvollkommenheit, hätte niemals das Kunstwerk der Leiblichkeit hervorbringen, niemals sie zu einem so vollkommenen Instrument des Geistes machen können. Sondern die Götter selber hatten ein Modell der Leiblichkeit geschaffen, einen Geistorganismus, kraftbegabt, mit Leben erfüllt, ja das Leben selber in vollkommener Form: die Ägypter nannten es den »Ka« des Menschen. Diesen Ka bekommt jeder Mensch bei seiner Geburt mitgeteilt, wenn Rê, der Sonnengott, es befiehlt.

Damit ist deutlich ausgesprochen, daß der irdische Leib als solcher nicht das Leben in sich trägt, sondern daß dieses unmittelbar mit den Sonnenkräften zusammenhängt. Und der Mensch lebt, nach ägyptischer Anschauung, solange, als er »Herr eines Ka ist«, »mit seinem Ka geht«. – Was einem darum in der irdischen Welt als menschliche Leiblichkeit entgegentritt, ist nicht das eigentlich Wirkliche, sondern der »Ka« ist es, der unsichtbar in der Leiblichkeit tätig ist, damit Ernährung, Wachstum, Gesundheit bewirkend.

Doch wir würden den Begriff des »Ka« zu eng fassen, wollten wir ihn etwa mit der »Lebenskraft« der Vitalisten gleichsetzen; sein Wesen ist viel umfassender. Und wenn die Ägypter uns auch keine Definition desselben hinterlassen haben, so ergibt sich das Wesentliche doch aus den Zusammenhängen, in denen dieser Begriff gebraucht wird. Auch sollten wir in dieser Beziehung keine im heutigen Sinne exakten Vorstellungen vom Ägypter erwarten, denn sein Denken hat sich soeben erst aus dem früheren Zustand des alten hellseherischen Bilderbewußtseins loszulösen begonnen. Die Entwicklung der ägyptischen Schrift aus einer Bilder- und Begriffsschrift zu einer Schrift im heutigen Sinne, d. h. zu einer Lautschrift, läßt ja diese Entwicklung des Bewußtseins noch deutlich erkennen.

So müssen wir auch die bildlichen Darstellungen des »Ka« deuten lernen. – Er wird wie ein »Doppelgänger« des Menschen dargestellt, immer entsprechend der Größe und dem Aussehen der Leiblichkeit: das Kind hat einen kleinen, der Erwachsene einen großen Ka. Der ägyptischen Bildersprache entkleidet, heißt das nichts anderes als: diese beiden Wesensglieder des Menschen sind so ineinander verwoben, daß sie sich decken und äußerlich wie eins erscheinen. Und ferner ist die Beziehung zum Wachstum dadurch zum Ausdruck gebracht.

Wachstum, Ernährung und Fortpflanzung sind für den Ägypter aber keine innerleiblichen Probleme, sondern makrokosmische: Etwas von der Welt wird zur Substanz des menschlichen Leibes – wie ist das möglich? Dadurch, daß das geistige Wesen der Sonne, der Urquell des Lebens, sich ein irdisches Abbild geschaffen hat: der Ka des Rê ließ die Ka's der Menschen aus sich hervorgehen. –

Aber wir dürfen nicht meinen, daß der Ägypter dies erdacht und dann in ein Bild gebracht habe. Vielmehr – alles weist darauf hin, daß es umgekehrt war: was der Ägypter als Ka bezeichnet, beruht ursprünglich auf hellseherischer Wahrnehmung und wurde erst später ein Begriff. Und wollen wir dieses Wort, das eigentlich den Schlüssel zum Gebäude der ägyptischen Weltanschauung darstellt, aus dem ägyptischen Denken heraus übersetzen, so müßten wir vielleicht »Lichtleib« oder »Lichtgestalt« – wie wir es im folgenden tun werden – sagen. Denn: in den Farben und Bewegungen der Sonnen-Aura schaute der Ägypter ursprünglich den Urgrund alles Lebens auf der Erde, des leiblichen wie des geistig-seelischen. Das Bilderbewußtsein nimmt sie als verschiedene »Gestalten« wahr.

Ein alter Mythos spricht nämlich davon, daß der Sonnengott Rê nicht einen, sondern 14 Ka's habe, deren Namen uns zwar hieroglyphisch überliefert sind, deren Bedeutung aber durchaus noch nicht einwandfrei entziffert zu sein scheint[10]. Vergegenwärtigen wir uns aber die wichtigsten unter ihnen: »Speise, Geschmack, Gedeihen[11], frische Kraft, Stärke, Macht, Sehen, Hören, Erkennen, Lichtglanz, Herrlichkeit«, so haben wir auf der einen Seite Beziehungen zum Ernährungsprozeß, auf der andern Seite zum Bewußtseinsprozeß. – Nach diesen beiden Seiten hin offenbart sich für den Ägypter das Wesen des Lichtes: in der Sonne ursächlich-kraftend, im Menschen nachbildlich-reflektierend.

Dieser aus dem göttlichen Sonnengeist hervorgegangene Lichtorganismus, der Ka, vermittelt alle Beziehungen zwischen Mensch und Welt, die geistig-seelischen wie die physisch-

---

[10] Vgl. *F. W. v. Bissing: Versuch einer neuen Erklärung des Ka'i der alten Ägypter.* Sitzungsber. d. Kgl. Bayr. Akademie d. Wissensch., München 1911.
[11] Dies setzte ich statt »Mästung«.

leiblichen. Die Menschen leben also, weil das geistige Wesen der Sonne sich ein irdisches Abbild geschaffen hat, den Lichtleib, den Träger des Lebens. Nicht der Mensch ernährt sich, sondern die Sonne ernährt ihn.

Sonnenkräfte verehrt deswegen der Ägypter in dem Geheimnis der Ernährung, wie in dem an Rê gerichteten Gebet: »Anbetung dir, mein Gott, der mich baute, der mir Gutes bestimmte; mein Erhalter, der mir Nahrung gibt, der meinen Unterhalt durch seinen Ka versorgt.«

Auf der andern Seite ist aber der Ka auch der Träger des geistig-seelischen Wesens des Menschen und damit seines »Namens«. Die Kunst stellt dies so dar, daß vom Kopf des Ka ein Stab aufsteigt, der zwei im Ellenbogen rechtwinklig gebogene, nach oben gestreckte Arme trägt. Diese nach oben gestreckten Arme sind das eigentliche Zeichen für den Ka: seine enge Beziehung zur Seele und zur religiösen Verehrung wird dadurch unmittelbar zum Ausdruck gebracht. Und so soll diese Hieroglyphe vielleicht ursprünglich bedeuten: das was man anbetet; – denn dieses eben ist der Ka, die Lichtgestalt des Gottes.

Ein Begriff wie der des Ka macht dem heutigen Denken Schwierigkeiten, weil wir allzu sehr gewöhnt sind, den Organismus als ungeistig und den Geist als unorganisiert zu denken. Der Ägypter aber kennt keinen »allgemeinen Geist«, sondern nur konkrete geistige Wesen mit individuellen Gestalten. Deshalb spricht er auch von einem »Ka der Götter«. Osiris z. B. wird als der Ka des Sonnengottes Rê bezeichnet – Rê ist eine ältere Gottheit als Osiris –, das heißt: Osiris bringt in seiner Gestalt das Wesen des Sonnengottes zur Offenbarung: »Osiris, Erster der Westlichen, du bist das Auge, das Rê-Atum liebt, du bist seine Lichtgestalt...«

Und selbstverständlich ist es der Ka des Gottes, seine übersinnliche Erscheinung, die der Gläubige anbetet, nicht sein irdisches Bild. So heißt es in den Aton-Hymnen, in denen das Erwachen des Lebens bei Sonnenaufgang geschildert und die wunderbare Wirkung des Sonnenlichtes auf die Menschheit gepriesen wird: »Ihre Arme beten deine Lichtgestalt an, denn du belebst die Herzen durch deine Schönheit; man lebt, weil du deine Strahlen aussendest...«

Doch was alles zwischen Erde und Sonne an Himmelskräften auf- und niedersteigt, wofür die Ka's der Wesen gewissermaßen die »goldenen Eimer« sind, das umfaßt auch die pflanzliche und tierische Natur: »Die ganze Erde nimmt ihre Arbeit auf. Alles Vieh freut sich über sein Gras, die Bäume und Gräser werden grün. Geflügel und Vögel kommen aus ihren Nestern, ihre Flügel sogar beten deine Lichtgestalt an.«

Von dem Begriff des Ka aus ergibt sich auch ein Verständnis für das Wesen des ägyptischen Königtums. Der Pharao ist für den Ägypter nämlich der einzige Mensch, dessen Ka mit der göttlich-geistigen Welt in vollem Zusammenhang ist, weil sein ganzes Wesen von »Gerechtigkeit« durchdrungen ist: »Anbetung deiner Lichtgestalt, lebender Aton, der die Erde erhellt mit seiner Schönheit, und der Lichtgestalt des Königs, der in Gerechtigkeit lebt...« – Der König wird also nicht als Persönlichkeit verehrt, sondern als Träger einer vollkommenen Lichtgestalt: »Alle Länder jauchzen deiner Lichtgestalt zu, und sie jugeln dir zu, ihrem Herrscher, den sie verehren...« Ja, auch die feindlichen Fremdvölker unterwerfen sich dem Pharao, weil Gott es in ihr Herz gesetzt hat, »daß sie sich selbst demütig deiner Lichtgestalt darbringen...«

Der Ka des Königs ist es auch, der seinen *Horus-Namen* trägt, den er erst bei der Thronbesteigung zu seinem bisherigen Eigen- und Familiennamen hinzubekommt. Und dies ist für den Herrscher der wichtigste Name, denn durch ihn wird seine geistige Würde, sein Verhältnis zur göttlichen Welt, zum Ausdruck gebracht.

Es erscheint uns heute leicht als anmaßend, wenn der Pharao sich als »Horus«, d. h. als Sohn des Osiris bezeichnet. Aber wir müssen bedenken, daß dies ja durchaus nicht ohne weiteres, sondern nach sorgfältiger und entbehrungsreicher Vorbereitung möglich war. Der Pharao war – wenigstens in den »guten« Zeiten der ägyptischen Kulturepoche – durchaus ein Eingeweihter in die Mysterien, er leitete sein Reich aus Einsicht in die geistigen Notwendigkeiten; er war nicht nur offiziell, sondern in Wirklichkeit »Oberster Priester«. Und Träger des Horus-Namens zu sein, bedeutete gewiß nicht in erster Linie Befriedigung menschlicher Eitelkeit, sondern viel mehr: Verpflichtung, Verantwortung vor der geistigen Welt, Opferbereitschaft. So muß man sich das Verhältnis des Ägypters zu seinem König als ein durchaus innerliches, auf seelischer Verbundenheit beruhendes, vorstellen. Es ist, als wenn König und Volk von einer und derselben geistigen Wesenheit durchdrungen wären, denn etwa in dieser Art empfand der einzelne seinen Zusammenhang mit der Lichtgestalt des Königs.

Die geistige Wesenheit aber, in die er den Lichtleib wie eingebettet empfand, erlebte er in den Wahrbildern des Traumes als die *Isis*: wie eine gütige Seelen-Mutter umfing sie König und Volk. In dem Bilde der Isis erlebte der Ägypter wesenhaft das Wirken der mütterlichen Kräfte der Volksseele an seinem Lichtleib.

Dies muß man sich vergegenwärtigen, wenn man die innige Heimatliebe des Ägypters verstehen will, wofür wir in der Literatur schöne und ergreifende Zeugnisse haben. Kein größeres Unglück konnte darum den Ägypter treffen, als in der Fremde zu sterben, und kein innigerer Wunsch beseelte ihn dann, als wenigstens in heimatlicher Erde begraben zu werden. Nur so, glaubte er, werde er auch im Jenseits den »richtigen Weg« finden. Denn mit dem Tode hörte die Bedeutung des Königs für die Seele nicht auf, da sie auf übersinnlichen Zusammenhängen beruhte. War er schon während des Lebens der einzige Mensch, der wirklich Zugang zu den Göttern hatte und deren Hilfe vermitteln konnte – wieviel mehr war man auf seine Vermittlung im Jenseits angewiesen, wenn es darauf ankam, daß die Totenopfer gewissenhaft vollzogen wurden. Und wie konkret ursprünglich dieser Zusammenhang auch nach dem Tode genommen wurde, zeigt sich an der Bezeichnung der von den Angehörigen dargebrachten Totenopfer; bis in die spätesten Zeiten hieß es: »Eine Opfergabe, die der König gibt...«

Durch seine Lichtgestalt erlebte der Ägypter sich als Angehöriger des Kosmos und als Glied seines Volkes; jede Nacht fühlte er sich geborgen unter den Fittichen der Isis. Am Tage aber, wenn das Erleben der Seele durch die irdische Leiblichkeit bedingt und begrenzt war, wenn die Atmung[12] wieder Instrument des persönlichen Fühlens und Empfindens wurde, erlebte er sich als Einzelpersönlichkeit. Typhon-Seth – denn in diesem Bilde wird die Atmung im mythologischen Bilde erlebt – tötete das Schauen der göttlichen Welt und ihres Lichtgeistes, des Osiris.

Höchstes Ideal des Ägypters mußte es deswegen sein, das persönliche Seelenleben so rein und schön zu gestalten, daß es ein Ebenbild der im Lichtleib waltenden Isiskräfte werde: daß er dereinst sagen durfte: »Ich tue, was mein Ka will.«

Dann konnte die Seele hoffen, daß auch die Kraft des Osiris

---

[12] Vgl. den Abschnitt »Die Polarität von Leben und Bewußtsein«, S. 85.

sich gnädig mit ihr verbinden werde, wie sie einstmals aus der geistigen Welt sich auf die Isis herabgesenkt hatte, um das Horus-Kind hervorzubringen. Wenn dereinst aus der Seele durch das Zusammenwirken der Isis- und Osiriskräfte sich ein neuer Mensch gebären würde, dann wäre das Ziel des Lebens erreicht: selber ein Horus zu werden!

Horus, der Keim des werdenden »Ich«, wurde als die Wirkung der Osiris-Kräfte auf die im Lichtleib waltenden volkhaften Isis-Kräfte empfunden.

Doch – erst nach seinem Tode, durch einen Strahl aus der jenseitigen Welt, hatte Osiris den Horus erzeugt. In diesem Zug des Mythos spricht sich ein Grundcharakter der ägyptischen Seelenverfassung aus: es erscheint ihr unmöglich, das geistige Ziel des Lebens schon im Diesseits zu erreichen; das Wesentlichste liegt für die ägyptische Seele jenseits der Todespforte. Und es ist charakteristisch, daß im Laufe der Jahrtausende alle die vielen und mächtigen Gestalten der ägyptischen Götterwelt fast ganz und gar von den Zentralgestalten des Osiris und der Isis, mit deren engerem Kreis, aufgesogen werden – kaum daß uns Spuren der Mythen so viel älterer Gestalten wie des Ptah von Memphis oder des Amon von Theben erhalten sind. Eine immer stärkere Betonung der Jenseitigkeit der ägyptischen Weltanschauung kommt darin zum Ausdruck. Denn, wie wir schon sahen: es ist für den Ägypter selbstverständlich, daß der Tod nicht nur ein Ende, sondern zugleich der Anfang eines neuen Daseins ist. Der Mensch nimmt nur in anderer Weise am Weltgeschehen teil, aber durchaus nicht weniger intensiv.

Denn der Ka und die Seele blieben ja erhalten, und die Seele konnte sich des Lichtleibes bedienen, wie sie hier auf Erden sich der Doppelwesenheit: irdischer Leib und Lichtleib, bedient hatte.

Es ist nun für das Verständnis der ägyptischen Totengebräuche von größter Wichtigkeit zu beachten, daß alle Gebete und Opfer dargebracht werden »für den Ka« des Verstorbenen. Wenn der Reiche es sich gestatten kann, testamentarisch ein Grundstück zu einer Stiftung zu bestimmen, damit Totengebete und Opfer »in alle Ewigkeit« für ihn fortgesetzt werden, so richten sich alle diese Bemühungen an den Ka, und der Totenpriester heißt »der Diener des Ka«.

Zweifellos also lag auch diesen Gebräuchen ursprünglich eine durchaus spirituelle Auffassung zugrunde, die aber im Laufe der Zeit immer mehr vermaterialisiert wurde. Und wenn man schließlich der Mumie ihren ganzen Hausrat samt Lebensmitteln und Dienern in Miniatur-Nachbildern beipackt – ein Reicher hat sich 365 solcher »Diener«, also für jeden Tag des Jahres einen, mitgeben lassen –, wenn auf den Grabsteinen immer wieder die Bitte ausgesprochen wird, der Besucher des Grabes möge doch die Gebetsformel sprechen: »Tausend an Brot, Bier, Rindern und Gänsen für den N. N.«, damit durch den Gebets-Zauber dem Toten diese Dinge zukommen, so ist das selbstverständlich nichts als ein derber Materialismus, dem im Lauf der Zeit in ganz analoger Weise alle Vorstellungen vom Leben nach dem Tode unterlagen.

Denn die Phantasie der Spießbürger hat es noch zu allen Zeiten bis heutzutage vorgezogen, sich die geistige Welt möglichst ähnlich der diesseitigen vorzustellen. Und so könnte man auch ein Bild des primitiven Jenseitsglaubens der Ägypter entwerfen, in dem von spiritueller Auffassung nicht mehr viel zu bemerken wäre. Denn für ihn ist es drüben wie hier: der Bauer pflügt im »Earu-Felde«, in dem Gerste und Spelt sieben Ellen hoch werden, er erntet und wird müde, und abends sitzt er mit seinen Genossen unter der Sykomore und darf sich mit Brettspielen die Zeit vertreiben. Bis ins einzelne ließe sich dies von primitivem Aberglauben überwucherte Bild der vermaterialisierten ägyptischen Weltanschauung beschreiben.

Eine Rückwirkung solcher vermaterialisierter Anschauungen auf die Seelenstimmung gegenüber dem Tode konnte allerdings nicht ausbleiben, und es ist nicht zu verwundern, daß »Trinklieder« überliefert sind, in denen die Menschen angesichts der Unsicherheit, die über das Jenseits besteht, angeeifert werden, das Diesseits unbekümmert zu genießen.

»Niemand kommt von dort,
daß er erzähle, wie es ihnen ergeht,
daß er erzähle, wes sie bedürfen,
daß er unser Herz beruhige,
bis ihr dem Orte naht, du dem sie gegangen sind...
. . . . . .
Sei noch fröhlicher,
Laß dein Herz nicht ermatten,
Folg deinem Herzen und deinem Vergnügen.
Verrichte deine Sache auf Erden
und quäle dein Herz nicht,
bis jener Tag des Wehgeschreis zu dir kommt.
Denn Osiris erhört ihr Schreien nicht,

Und die Klage rettet niemanden aus dem Grabe.
Darum: feire den frohen Tag
und werde sein nicht müde –
denn niemandem ist vergönnt,
seine Habe mit sich zu nehmen,
und keiner, der fortgegangen, ist zurückgekehrt!«*

Mit Recht bemerkt Erman dazu: »Der Glaube an die Freuden im Reiche des Osiris muß schon längst erschüttert gewesen sein, als man so vom Tode sprechen konnte.«[13]

Bis zur Lebensmüdigkeit aber, ja zum Lebensüberdruß gesteigert ist die Hoffnungslosigkeit einer Seele, die nur noch auf die Leiden des Diesseits schaut, in dem »Gespräch eines Lebensmüden mit seiner Seele«, über das Erman berichtet: »Er sehnt sich nach dem Tode und er fürchtet sich doch vor ihm; denn er, den alle Freunde und Angehörigen verließen, hat niemanden, der ihm die Totengebräuche vollzöge. Aber seine eigene Seele, die er um diesen Liebesdienst angeht, sucht ihn durch eine Schilderung von dem Düster des Todes auf andere Gedanken zu bringen:

»Wenn du ans Begraben denkst, das ist etwas Trauriges,
Das ist etwas, das Tränen bringt und den Menschen betrübt...
Dann steigst du nicht mehr hinauf, um die Sonne zu sehen!...«

Aber der Lebensmüde läßt sich nicht umstimmen, er findet: »es ist kein Recht und keine Ordnung mehr auf der Welt« – »Jedermann raubt die Habe seines Nächsten – der Milde kommt um, der Starke gelangt überall hin – es gibt keine

---

* Gekürzt nach Erman-Ranke: »Ägypten«.
[13] Die Erschütterung des Osiris-Glaubens hängt mit den tragischen Erlebnissen zusammen, die die Eingeweihten in den späteren Zeiten der ägyptischen Epoche durchmachen mußten. Sie konnten nicht mehr zu dem früheren, reinen Osiris-Erleben durchdringen. Zwar erlebten sie die geistige Welt, aber Osiris entzog sich ihrem Schauen, und Isis blieb auf ihre Fragen stumm. »Diejenigen, die diese Einweihung durchmachten und wieder zurückkamen in die physische Welt, die hatten eine ernste, aber resignierende Weltanschauung. Sie kannten sie, die heilige Isis; aber sie fühlten sich als die Söhne der Witwe.« (Rudolf Steiner in *Die Mysterien des Morgenlandes und des Christentums* [1913], GA 144, Dornach 1960. In diesen Vorträgen hat er die tieferen Zusammenhänge dieser Vorgänge mit der Entwicklung der Menschheit und dem Christus-Mysterium eingehend dargestellt; es sei hier nachdrücklich darauf verwiesen. – Vgl. auch *Lic. E. Bock*: *Das alte Testament und die Geistesgeschichte der Menschheit.* Stuttgart 1934.)

Gerechten – die Erde ist ein Beispiel von Übeltaten«. – So bleibt ihm nur die Hoffnung auf den Tod:

>»Der Tod steht heute vor mir
> Wie wenn ein Kranker gesund wird,
> Wie das Ausgehen nach dem Fall.
>
> Der Tod steht heute vor mir
> Wie der Duft von Myrrhen,
> Wie das Sitzen unterm Segel am windigen Tage.
>
> Der Tod steht heute vor mir
> Wie der Duft von Lotosblumen,
> Wie das Sitzen beim Zechen am Gestade.
>
> Der Tod steht heute vor mir
> Wie ein Weg im Regen,
> Wie das Heimkommen eines Mannes im Kriegsschiff ...
>
> Der Tod steht heute vor mir
> Wie ein Mann sein Haus wieder zu sehen wünscht,
> Der viele Jahre in Gefangenschaft gelebt hat.«

»So geht denn endlich die Seele auf den Wunsch des lebensmüden Mannes ein, und beide werden *zusammen* eine Stätte haben« (Erman).

Diese Seele hängt noch an der Tradition der Totengebräuche, und die Furcht vor dem Ausbleiben derselben ist das einzige, was ihr den letzten Schritt bedenklich erscheinen läßt; aber der Glaube, der den Ägypter mit Zuversicht ins Jenseits schauen ließ: daß Osiris ihn aus dem Grabe hervorgehen und das Licht der Sonne schauen lassen werde, lebt nicht mehr in ihr. In Hoffnungslosigkeit fällt sie der Verzweiflung anheim.

Doch dies Lied scheint auch das einzige Zeugnis einer derart verfinsterten Lebensstimmung aus der ägyptischen Zeit zu sein, und wir dürfen daraus keine Schlüsse auf die allgemeine Lebensstimmung der früheren Zeiten ziehen; wie wir uns überhaupt den Blick für das Wesentliche der ägyptischen Weltanschauung durch die »materialistischen Übermalungen« nicht trüben lassen dürfen.

Wir müssen es machen, wie man es bei vielen Kunstdenkmälern vergangener Epochen mit oft so überraschendem Erfolg getan hat: wenn wir Kalk und Tünche vorsichtig beklopfen, blättern sie ab und es erscheint darunter das Original-Bild, Zeugnis einer künstlerisch und spirituell hochstehenden Epoche!

So, scheint mir, muß auch das Bild der ägyptischen Weltanschauung »restauriert« werden. Rudolf Steiner hat uns in vielen Vorträgen, so besonders in denen über »Ägyptische Mythen und Mysterien« die Erkenntnis-Werkzeuge dazu an die Hand gegeben. Nur in den Grundzügen konnten sie allerdings hier nutzbar gemacht werden; eine eingehendere Darstellung würde diesen Rahmen bei weitem überschreiten müssen.

Als einer seiner wesentlichsten Gesichtspunkte erscheint mir aber der, daß die ganze Entwicklung der ägyptischen Kulturepoche – insbesondere der ersten Hälfte – von den in die Mysterienweisheit eingeweihten Priestern gelenkt wurde; daß von ihnen die Mythen gestaltet wurden, um dem Volk in bildhafter Weise Erkenntnisse zu vermitteln, für deren intellektuelle Aufnahme es noch nicht reif war. Die überlieferten Titel der Priester weisen noch auf die Fähigkeit des intuitiven kosmischen Schauens hin, so wenn der Oberpriester von Heliopolis »der im Schauen Große«, »der das Geheimnis des Himmels schaut« genannt wird.[14] Oder wenn der wegen einer Hungersnot besorgte König seinen Gott um Rat und Hilfe bittet und dann berichtet:

»Als ich schlief, war mein Herz in Leben und Glück; ich fand den Gott angesichts meiner stehen. Ich erfreute ihn, indem ich ihn anbetete und indem ich ihn verehrte. Er offenbarte sich mir und sprach: Ich bin Chnum, der dich gebildet hat. Meine Hände sind hinter dir, um deinen Leib zu heilen und um deine Glieder gesund zu machen.«[15]

Dem Blick der Eingeweihten war der Zusammenhang der aufeinanderfolgenden Kulturen erschlossen. Sie lenkten die Geschehnisse aus der Einsicht in Notwendigkeiten, die weit über ihre eigene Epoche hinauswiesen.

Betrachten wir unter diesem Gesichtspunkt den Osiris-Mythos. Osiris ist gestorben, aber durch den Tod ist erst sein eigentliches Wesen offenbar geworden: er ist der König im Seelenreich, im »Reich der Westlichen«. Vor ihm muß die Seele erscheinen, wenn sie die irdische Welt verlassen hat. Wenn sie dann die Begegnung mit dem Höllenhund überstan-

---

[14] Vgl. Erman-Ranke: *Ägypten*. – Aber auch in sumerischen Texten wird dem Priester bzw. dem Priester-König »der weite Sinn« und »das geöffnete Ohr« zugesprochen, und sie werden bildlich mit übergroßen Ohren dargestellt; mit Recht deutet m. E. *Jeremias* dies im Sinne der »Einweihung«.
[15] Vgl. Die Hungersnot-Stelle in Roeder: *Urkunden zur Religion der alten Ägypter*.

den hat, wenn durch die Prüfung der zweiundvierzig Totenrichter alles Unreine aus ihr getilgt ist, dann wird im Angesicht des Osiris das Herz des Toten auf die Weltenwaage gelegt, und es wird offenbar werden, welches geistige Gewicht die Seele im Weltzusammenhang hat.[16] Das sind Bilder, die den Menschen auf sein eigenes Innere hinweisen. Denn jeder kann schon im irdischen Leben den feinen Anschlag dieser Waage im Innern spüren: es ist die Stimme des Gewissens. Und frühere Zeiten wußten noch, daß auch dieses innerlichste Geschehen in der Seele sich eines leiblichen Organs bedient: des Herzens. Denn während das Gehirn ausschließlich ein Organ des Vorstellens und Denkens ist, findet im Herzen eine Synthetisierung des *ganzen* Seelenlebens statt: Denken, Fühlen und Wollen strömen hier zusammen. Und im Herzen empfindet der Mensch, was seine Gedanken *wert* sind: ob sie zu Zielen des Wollens werden können oder nicht; denn hierüber entscheidet das Gewissen, nicht der Verstand. – Durch alle ägyptischen Texte läßt sich dieses Wissen von der geistigen Bedeutung des Herzens verfolgen.

Osiris ist so für den Ägypter wie ein makrokosmisches Vorbild für die Kraft des Gewissens. Durch dieses Bild wurde der ägyptischen Seele eingeprägt: was in der Seele als Gewissen erscheint, was man so gerne oftmals als etwas rein Subjektives beiseite schieben möchte, das hat eine Weltenbedeutung, die erst nach dem Tode offenbar werden wird.

So wird dem Ägypter auf seinen Weg zur Individualisierung das Bild des Seelenrichters Osiris als eine richtunggebende Kraft mit auf die Wanderschaft gegeben; durch alle Wirrnisse, in die dieser Weg die Seele mit Notwendigkeit führen mußte, sollte dieses Bild ihn wie ein Seelenkompaß begleiten.

Der Ägypter empfand: was in mir als Gewissen lebendig ist, das ist der Strahl des Osiris. Und so ist jeder auf dem Wege, dem Osiris ähnlich zu werden. Während des Lebens zwar muß er sich wie ein »Grab des Osiris« fühlen, denn die dem Irdischen zugewandte Seele hat das höhere Bewußtsein getötet. Aber wenn Isis den zerstückelten Leichnam des Osiris pflegt, dann wird die höhere Natur, dann wird Horus geboren werden, der zum Osiris-Dasein fortschreiten kann. »Den makrokosmischen Osiris-Weltprozeß muß der zum höchsten Dasein strebende

---

[16] Überraschende Anklänge hieran finden sich auch im altnorwegischen Lied von *Olaf Asteson*.

Mensch in sich mikrokosmisch wiederholen. Das ist der Sinn der ägyptischen ›Einweihung‹, der Initiation.« Denn wer sein Leben dem Tempel weihte, der konnte diese »Einweihung« durchmachen, durch die in einem beschleunigten und intensiveren Maße die niedere Natur abgetötet und zu Grabe getragen wurde, damit die höhere auferstehen könne. Und wer das Ziel erreicht hatte, der durfte bekennen:[17]

»Mir schwebte vor die unendliche Perspektive, an deren Ende die Vollkommenheit des Göttlichen liegt. Ich habe gefühlt, daß die Kraft dieses Göttlichen in mir liegt. Ich habe zu Grabe getragen, was in mir diese Kraft niederhält. Ich bin abgestorben dem Irdischen. Ich war tot. Als niederer Mensch war ich gestorben; ich war in der Unterwelt. Ich habe mit den Toten verkehrt, d. h. mit denen, die schon eingefügt sind in den Ring der ewigen Weltordnung. Ich bin nach meinem Verweilen in der Unterwelt auferstanden von den Toten. Ich habe den Tod überwunden, aber nun bin ich ein anderer geworden. Ich habe nichts mehr zu tun mit der vergänglichen Natur. Diese ist bei mir durchtränkt von dem Logos. Ich gehöre nun zu denen, die ewig leben, und die sitzen werden zur Rechten des Osiris. Ich werde selbst ein wahrer Osiris sein, vereinigt mit der ewigen Weltordnung, und das Urteil über Leben und Tod wird in meine Hand gegeben sein.«

Man sieht: was der Mythos als makrokosmisches Geschehnis schildert, das wird persönliches, innerseelisches Erlebnis durch die Einweihung. Und der Mythos ist letzten Endes nichts anderes als bewußt gestaltetes Bildgefüge, das in jede Seele, die es aufnimmt, den Keim zum Osiris-Werden senken soll.

Aber was hat mit dieser, ganz auf die Entwicklung der menschlichen Innerlichkeit gerichteten Tendenz der Mysterienführung die Einbalsamierung zu tun? Betrachtet man sie als rein äußerliches Maßnahme, so scheint sie in Widerspruch mit dem Ausgeführten zu stehen. Doch dieser verschwindet, wenn man Steiners Hinweis beachtet: daß die ägyptische Kulturepoche in stärkerem Maße als die vorhergehenden die Aufgabe hatte, die menschliche Seele intensiver mit der irdischen Welt zu verbinden, ihr ein noch tieferes und vor allem ein persönliches Interesse für dieselbe einzuflößen; und daß diese Aufgabe von den ägyptischen Eingeweihten erkannt und bewußt in Angriff genommen wurde.

[17] Vgl. Rudolf Steiner: *Das Christentum als mystische Tatsache.* (1902), GA 8. Dornach 1976.

Man denke nur einmal: der Osiris-Mythos allein hätte gewirkt – zweifellos hätten sich die Seelen allzu sehr der irdischen Welt entfremdet. Und dazu kam, wie wir gesehen haben, das altüberlieferte Wissen von den geistigen Dingen. Man wußte von der Existenz der Lichtgestalt. War sie für die hellseherische Schau früherer Zeiten direkt zu beobachten, so wußten spätere Generationen davon noch durch vertrauenerweckende, tragende Tradition.

Aber all diese Momente waren ja geeignet, das Interesse an der irdischen Welt abzuschwächen, die physische Leiblichkeit in ihrer Vergänglichkeit als nicht besonders wichtig empfinden zu lassen.

Und dazu kommt, daß ja der Ägypter sich bei weitem noch nicht in dem Maße mit der Leiblichkeit verbunden fühlte, wie etwa wir in unserer »kompakten Grobklotzigkeit«. Wurde doch noch Gilgamesch, der Repräsentant der parallel laufenden sumerisch-babylonischen Kultur, als ein Wesen bezeichnet, das noch zu Zweidrittel Gott und erst Eindrittel Mensch war! Und wenn uns auch die ägyptische Kultur von sich keinen solchen »Verkörperungsindex« überliefert hat, so können wir doch auf Grund ihrer Plastik und Malerei feststellen, daß der Körper der Ägypter fast durchweg schlank, bei den Frauen zweifellos zart und zierlich war. Sogar die Leiblichkeit der Griechen mutet uns voluminöser, bodenständiger an als die der Ägypter. Angesichts dieser Lage erscheint die Einbalsamierung als eine kompensatorische Maßnahme gegen die Betonung der Jenseitigkeit, andererseits als eine kulturpädagogische Fürsorge für die Zukunft.

Die Eingeweihten rechneten mit der Wiederverkörperung der Seele in späteren Zeiten, unter vielleicht ganz anderen äußeren und leiblichen Bedingungen. Und sie wollten durch die Einbalsamierung der Seele ein stärkeres Interesse an der Leiblichkeit einprägen als sie es bis dahin gehabt hatte. Nur so versteht man ihren Sinn.

Andererseits ist eine Voraussetzung für dieses Verständnis, daß man dem ägyptischen Weisen zubilligt, er habe die Leiblichkeit in einem tieferen Sinne durchschaut, so daß ihm jedes einzelne Organ als Glied eines großen Ganzen erschien, daß die Leiblichkeit, der Mikrokosmos, als eine Spiegelung des Makrokosmos verständlich wurde. Merkwürdigerweise sind uns solche Hinweise in systematischem Zusammenhang viel ausgiebiger aus der sumerischen Kultur erhalten als auch der ägyptischen. Aber was in Babylon bekannt war, wußte man natürlich auch in Ägypten. Und außerdem muß man bei allen alten Kulturen bedenken, daß das Selbstverständliche meistens nicht aufgeschrieben wurde.

Wollen wir den Sinn der Einbalsamierung verstehen, so müssen wir versuchen, uns in die Vorstellungswelt des Ägypters hineinzuversetzen. Für ihn ist die ganze Leiblichkeit, Gliedmaßen wie Sinnes- und Innenorgane, aus einem sinnvollen, geistigen Ganzen hervorgegangen; aber erst in der Differenzierung der Leiblichkeit sah er die Grundlage für das irdische Persönlichkeitsbewußtsein. Dieses sollte dem Toten möglichst lange erhalten bleiben. Deswegen wurde ihm diese Differenzierung durch das Einbalsamierungs-Ritual zum Bewußtsein gebracht; denn der Ägypter war überzeugt, daß das Wort des Priesters die Seele des Verstorbenen erreichen könne.

Durch die Konservierung der Leiblichkeit sollte bewirkt werden, daß ihre Struktur noch einige Zeit für den Lichtleib wie ein Spiegelbild erhalten blieb, so daß die Seele, länger als dies bei Auflösung der Leiblichkeit der Fall gewesen wäre, das Persönlichkeitsbewußtsein aufrecht erhalten konnte. Die Mumie wurde gewissermaßen zur Hieroglyphe, durch die man sich an das vergangene Leben erinnerte. Das persönliche Bewußtsein, die Lebenserfahrung, sollte auf den Weg zu Osiris mitgenommen werden. Die Einbalsamierung war somit der Versuch, das Leben nach dem Tode bewußter zu machen, oder, mit anderen Worten, es zur »Einweihung« zu gestalten. – Was sonst nur denjenigen erreichbar war, die die strenge und langjährige Schulung der Mysterien durchmachen konnten, das sollte auf diesem Wege allen Menschen zugänglich gemacht werden.

DAS RITUAL DER EINBALSAMIERUNG

Betrachten wir jetzt im einzelnen den Vorgang der Einbalsamierung.[18] Man muß sie sich als eine feierliche Zeremonie vorstellen, die in den Zeiten, da man diese Dinge noch ernst nahm, sich unter der strengen Aufsicht der Priester vollzog. Das

---

[18] Leider fehlen in den uns überlieferten Texten sowohl Anfang wie Ende des Rituals, was natürlich mit Rücksicht auf das Verständnis des ganzen sehr bedauerlich ist. Auch ist es für die Gesamterfassung hinderlich, daß die Namen der verschienen Öle, Fette, Harze und Drogen noch nicht sicher identifiziert sind; ich lasse deswegen in den folgenden Zitaten die Aufzählung derselben aus (wie überhaupt der Text aus räumlichen Gründen

Zeremoniell bestimmte genau, wie in den einzelnen Phasen des Vorganges die Leiche liegen mußte, wo der Priester zu stehen und welche Sprüche er zu rezitieren habe; auch geschah dies abwechselnd von mehreren Priestern, die nach ganz bestimmten Vorschriften zusammenzuwirken hatten.

Der uns erhaltene Text berichtet zunächst von der Salbung des Kopfes. Gerade dieser Text ist aber offenbar sehr unvollkommen. Nur an einer Stelle ist es, als wenn das Dunkel der Worte sich aufhellte, dort, wo es heißt: »Deine Seele steigt im Gottesland auf deinen Leib.« – Da wird deutlich, daß der Ritus dazu dienen soll, die Seele des Verstorbenen in eine Beziehung zur Leiblichkeit zu bringen. Und andererseits wird dem Toten immer wieder sein geistiges Ziel vor Augen gestellt, wenn er als »Osiris« angeredet wird (worauf dann sein Name folgt). Wollten wir »Osiris« in diesem Zusammenhang unserem Sprachgebrauch gemäß übersetzen, so müßten wir dafür vielleicht »Geistmensch« sagen.

Nach der Salbung des Kopfes wird diese nun auch am Leib vollzogen, »von seinem Kopf und seinen Ellbogen bis zu seinen Sohlen.« Der Tote wird dabei angeredet:

»O Osiris (folgt der Name), empfange dir den Festgeruch (Öl), der deine Glieder schön macht..., damit du dich mit dem großen Sonnengott vereinigst; er vereinigt sich mit dir und stärkt deine Glieder; und du vereinigst dich mit Osiris in der großen Halle.«

Jetzt wird der Leichnam auf den Bauch gelegt, damit das Rückgrat bearbeitet werden kann. Dabei heißt es:

»O Osiris N. N., nimm dir dieses Öl, nimm dir diese Salbe, nimm dir diese Lebensflüssigkeit... Zu dir kommt der Balsam, der aus Phönizien stammt, und das schöne Harz, das aus Byblos stammt. Sie verschönern deine Bestattung in dem Friedhof; sie geben dir deine Beine in den

wesentlich gekürzt werden mußte). Man muß aber immer bedenken, daß jede Substanz unter einem kosmischen Gesichtspunkt gebraucht wird. Ein bestimmtes Harz z. B. heißt »Ausfluß des Rê«; Silber war aus den Knochen dieses Sonnengottes entstanden, Gold aus seinem Fleisch, und Lapislazuli aus seinem Haar: alle Materie war einst Sonnensubstanz zu der Zeit, als Rê-Osiris noch herrschte. – Die Öffnung der Leiche, die Herausnahme der inneren Organe und das Behandeln des Leibes mit konservierenden Mitteln geschah durch speziell ausgebildete Diener, die in der Nähe der Friedhöfe wohnten. Es waren offensichtlich ziemlich primitive Gesellen, die, wenn sie ohne Aufsicht waren (wie die Mumien beweisen), auf persönliche Wünsche der Hinterbliebenen gern eingingen – oder auch auf eigene Faust Mutwillen trieben –, z. B. einem mageren alten Mann ein Bäuchlein herausstaffierten usw.

geheimen Gegenden (der Seelenwelt); sie beschleunigen dein Gehen in der Halle des Gehens; sie heiligen deine Schritte in der Halle des Gehens. Zu dir kommt das Gold und das Silber, Lapislazuli und Malachit... Zu dir kommt das Gewand aus dem Tempel des Sobk. Es leitet deinen Weg im Urgewässer[19], und es schmückt mit seiner Schönheit deine Glieder, so daß du wie Rê bist, wenn er aufsteigt und niedersinkt, und hörst nicht auf in Ewigkeit.«

Die Mumie wird nunmehr sorgfältig auf den Rücken gelegt, mit dem Gesicht zum Himmel, »wie es vorher gewesen ist«, und es werden die Nägel vergoldet. Dazu die Worte:

»O Osiris..., du empfängst deinen Nagel in Gold, deine Finger in edlem Metall, deine Fußnägel in Bernstein. Der Ausfluß des Rê tritt an dich, die Gottesglieder des Osiris in Wahrheit. Du gehst auf deinen Füßen zum Hause der Ewigkeit und erhebst deine Arme zur Stätte der Unendlichkeit...«

Danach wird die Mumie eingewickelt, wobei die einzelnen Binden, den Körperteilen entsprechend, zu verschiedenen Gottheiten in Beziehung gesetzt werden. Sie sind zu diesem Zweck mit Sprüchen beschrieben, die der Priester prüfen soll, ehe sie verwendet werden. Jeder Körperteil, die Stirn, der Kopf, der Mund, das Ohr, bekommt die genau vorgeschriebene Anzahl und Art der Streifen. Dazu spricht der Priester, unter dem Kopf der Mumie sitzend:

»O du gewaltige ehrwürdige Göttin, Herrin des Westens, Fürstin des Ostens, komm und tritt in die Ohren des Osiris N. N. O du Gewaltige, Göttliche, Große, Herrin des Westens, Fürstin des Ostens, komm und hauche Atem in den Kopf des Osiris N. N. in der Seelenwelt. Lasse ihn mit seinem Auge sehen, mit seinen Ohren hören, mit seiner Nase atmen, mit seinem Munde reden, mit seiner Zunge richten in der Seelenwelt.«

Diese und andere Stellen zeigen deutlich, daß es nicht der Leichnam ist, auf den die Sprüche wirken sollen, sondern das in der geistigen Welt befindliche, eigentliche Wesen des Menschen, seine Lichtgestalt und seine Seele.

Die Zeremonie wendet sich nun wieder dem Kopfe zu, und der Priester spricht unter dem Kopf der Mumie:

»O Osiris N. N.! Empfange dir deinen Kopf im Westreich, damit du unter die Verklärten und Herrlichen trittst. Dein Grab des Westens ist

---

[19] Im Text: »Nun«, zugleich elementarisch und göttlich gedacht, also etwa: »das geistesdurchdrungene Urgewässer«.

schön hergerichtet, und deine Ausstattung des Friedhofs ist herrlich ausgeführt. Dein Name ist angesehen bei den Einbalsamierten, und hast einen Namen bei den Verklärten und Ehrwürdigen – – Dein Kopf kommt zu dir, damit er nicht fern von dir sei; er tritt zu dir und trennt sich nicht von dir in Ewigkeit.«

Hier scheint das Ritual allzu sehr an die Sphäre des gewöhnlichen irdischen Bewußtseins anzuklingen. Aber dies hat seine Berechtigung, denn der Kopf ist gerade für das Persönlichkeits-Bewußtsein das notwendige Organ, durch das wir uns als »Ich« erkennen und uns einen »Namen« geben können. Und vollends für den Ägypter war der »Name« mit der Persönlichkeit sozusagen identisch.[20] Und wir begreifen, daß durch die eindringliche Betonung des Namens und des Kopfes die Erinnerung an das vergangene Leben bei dem Toten gestärkt werden soll, damit das darin erworbene persönliche Bewußtsein sich besser erhalten kann.

Nunmehr wird nach ganz genauen Vorschriften – in sechsunddreißig Abschnitten, weil es sechsunddreißig Götter sind, mit denen die Seele zum Himmel aufsteigt, und es sechsunddreißig Gaue sind, in denen die Gestalten des Osiris sich offenbaren – zuerst die linke, dann die rechte Hand zubereitet. Der Tote wird dabei durch Zeichnungen insbesondere auf den Gott des Nils und die Isis hingewiesen:

»O Osiris N. N., der Nil, der Große der Götter, kommt zu dir, um deine Opfer mit kühlem Wasser zu erfüllen. Er gibt dir das Wasser, das aus Elephantine kommt; den Nil, der aus den beiden Quellen kommt; das Urgewässer, das aus den beiden Bergen kommt; das Urgewässer, das aus der Höhle kommt; den Strudel, der aus der kühlen Flut kommt. Du trinkst von ihnen und sättigst dich von ihnen. Dein Leib sättigt sich mit frischem Wasser, dein Sarg ist mit der Flut erfüllt, deine Kehle ist überschwemmt – Du bist der im Urgewässer lebende Nun, der Älteste, der Vater der Götter...«

Es ist offensichtlich, daß hier alle dem Ägypter geläufigen Bilder herangezogen werden, um eine möglichst konkrete Vorstellung des Wassers hervorzurufen. Der Tote soll durch die Vermittlung der Erinnerungsbilder die Imagination des Wassers bilden, weil dieses ein Bild für die ätherische Welt ist, die er nunmehr betreten hat. Diese Imagination soll ihm helfen, sich

---

[20] Deswegen war es auch die heiligste Pflicht der Hinterbliebenen, durch regelmäßig wiederholte Totengebete den »Namen des Toten lebendig zu erhalten«.

in der neuen Umgebung zurechtzufinden, denn »Wasser« ist für ihn jetzt ebenso die Grundlage des Daseins, wie es vor dem Tode die irdische Welt war.[21] In entsprechender Art wie die linke wird nun auch die rechte Hand konserviert. Auf die Binden werden mit grüner Farbe die Bilder von Isis und Nephthys gemalt sowie Figuren des Rê und Nun. Auf eine Binde wird mit schwarzer Farbe geschrieben: »Du fassest das Sonnenlicht und du packst den Mond«, dann wird sie zwölfmal gefaltet und dem Toten in die rechte Hand gegeben, »so daß er Sonne und Mond sowie seine Schwester Isis und Nephthys faßt und sie in seiner rechten Hand hält, als ob er noch auf Erden weilte.« Dazu wird ihm gesagt:

»Du faßt mit deiner rechten Hand Rê als das schöne Sonnenlicht am Tage, und du packst den Mond in der Nacht. Du erscheinst am Tage als schönes Sonnenlicht des Rê, der über jedem Lande aufgeht. Nachts gehst du auf als der schöne Mond, um nach den Sonnenstrahlen Ruhe zu bringen. Du erglänzest am Himmel als ein einzelner Stern, du bist der Orion am Leibe der Nut.[22] Deine Strahlen fallen auf diese Erde wie die des Mondes ... Isis ist als Sirius mit dir am Himmel und entfernt sich nicht von dir in Ewigkeit.«

Zuletzt werden auch die Beine einbalsamiert. Die Binden für das rechte werden mit dem Bilde des Anubis, die für das linke mit dem des Horus bemalt. Dann spricht der Priester zu dem Toten:

»O Osiris N. N., das heilige Öl kommt zu dir, um dich gut gehen zu lassen..., um deine Ohren im ganzen Lande hören zu lassen. Dein Gehen ist groß auf Erden, und dein Schreiten ist gewaltig auf Erden. Du gehst zu deinem Platze in der Seelenwelt; du steigst hinauf und atmest in Abydos. Die Kleider der Götter treten an deine Arme, und die großen Gewänder der Göttinnen an deine Glieder, so daß deine Arme stark und deine Beine mächtig sind...

Du verehrst den gewaltigen Gott in Schednu und steigst mit ihm in die Sonnenbarke.

Rê geht über dir auf in seiner Kapelle, und er verbreitet sein Licht durch seine Strahlen...

---

[21] Das Ätherische kann sich nur vermöge des Wassers in der irdischen Welt »verkörpern«; Lebensprozesse verlaufen nur unter Anwesenheit von Wasser. Wichtig ist auch, daß gerade die linke Hand mit dem Wasser in Beziehung gebracht wird, denn die linke Seite des Leibes hat ein gewisses Übergewicht des Ätherischen über das Physische, während die rechte ein Übergewicht des Physischen über das Ätherische zeigt.
[22] Nut = die Göttin des Himmelsgewölbes.

Du gehst auf einer Erde von Silber und auf einem Boden von Gold, du wäschest dich auf einem Stein von Silber und einem Boden von Gold, du wirst bestattet an einem Abhang von Malachit...

Du siehst deinen Namen in allen Gauen, deine Seele im Himmel, deinen Leib in der Unterwelt, deine Statuen in den Tempeln. Du lebst in Ewigkeit und bist immerdar jung. O Osiris N. N., mögen diese Namen dauern und herrlich sein im Tempel des Amon-Rê, des Königs der Götter, des heiligen Bildes, des Oberhauptes aller Götter in Ewigkeit!«

Bedürfte es noch eines Beweises, daß dieses Ritual ursprünglich ganz geistig gemeint war, d. h. als Wegweisung für die Seele im Geistgebiet, so betrachte man die Sprüche, die uns an den Innenwänden der Pyramiden, in den Särgen und im »Totenbuch« von dem weiteren Schicksal des Toten berichten. Sie klingen wie Erfüllungen und Antiphone des Einbalsamierungsrituals.

»So fliegt er von euch fort, ihr Menschen; er ist nicht mehr auf Erden, er ist am Himmel«, denn dorthin setzt ihn Nut, die Himmelskönigin, »als einen unvergänglichen Stern.« – Und wenn er dort ankommt, wird er dem Sonnengott gemeldet: »O Rê-Atum, dein Sohn kommt zu dir, ein unvergänglicher Lichtgeist; du läßt ihn bei dir wohnen. Du schließt ihn in deine Arme, ihn, deinen leiblichen Sohn, ewiglich.« – Und der Sonnengott empfängt den neuen Himmelsbewohner und spricht: »Ich gebe dir deine Sprache und deinen Leib, und du empfängst die Gestalt eines Gottes«, und »er läßt seinen Leib leuchten« wie den der Himmlischen.

Denn das ist ägyptische Glaubensgewißheit: »So wahr Osiris lebt, wird auch er leben; so wahr Osiris nicht gestorben ist, wird auch er nicht sterben; so wahr Osiris nicht vernichtet ist, wird auch er nicht vernichtet werden.«

Und der Verstorbene spricht: »Ich bin der Flammengott, der Bruder der Flammengöttin; ich bin Osiris, der Bruder der Isis.«

## *Griechenland*

> Wer weiß denn, ob das Leben nicht ein Sterben ist,
> Und, was wir Sterben nennen, drunten Leben heißt?
>
> Euripides.

»Nichts ist dem griechischen Menschen so verhaßt wie der Tod und die Tore des Hades. Denn eben das Leben, dieses liebe Leben im Sonnenlichte, ist sicher dahin mit dem Tode, mag nun folgen, was will.« Erwin Rohde, dessen eindringlicher Darstellung des griechischen Seelenkultus und Unsterblichkeitsglaubens in seinem Buch »Psyche« diese Sätze entnommen sind, kann gewiß als Zeuge für die Stimmung und Lebensanschauung des griechischen Menschen gelten.

In das Reich des Hades geht der Tote, oder vielmehr dessen »Psyche«, hinunter. Aber wie denkt der Grieche die Psyche?

»Ihr Name bezeichnet sie, wie in den Sprachen vieler anderer Völker die Benennungen der ›Seele‹, als ein Luftartiges, Hauchartiges, im Atem des Lebenden sich Kundgebendes. Sie entweicht aus dem Munde, wohl auch aus der klaffenden Wunde des Sterbenden – und nun wird sie, frei geworden, auch wohl genannt ›Abbild‹ (Eidolon). Am Rande des Hades sieht Odysseus schweben ›die Abbilder derer, die sich (im Leben) gemüht haben‹. Diese Abbilder, körperlos, dem Griffe des Lebenden sich entziehend, wie ein Rauch (Ilias), wie ein Schatten (Odyssee), müssen wohl die Umrisse des einst Lebenden kenntlich wiedergeben: ohne weiteres erkennt Odysseus in solchen Schattenbildern seine Mutter Antikleia, den jüngst verstorbenen Elpenor, die vorangegangenen Gefährten aus dem troischen Kriege wieder. Die Psyche des Patroklos, dem Achilles nächtlich erscheinend, gleicht dem Verstorbenen völlig an Größe und Gestalt und am Blicke der Augen ... »Der Mensch ist nach homerischer Auffassung zweimal da, in seiner wahrnehmbaren Erscheinung und in seinem unsichtbaren Abbild, welches frei wird erst im Tode. Dies und nichts anderes ist seine Psyche.«

Mit Recht betont Rohde, daß der Grieche mit »Psyche« nicht das meint, was wir unter »Geist« verstehen, denn alle Funktionen des Geistes sind nach griechischer Auffassung nur möglich, solange der Mensch im Leben ist. Die Psyche ist, wenn sie den Leib verlassen hat, besinnungslos; denn sie ist nicht Bergerin des Geistes, sowenig wie der Leichnam.

Die Ähnlichkeit des Begriffes »Psyche« mit dem, was der Ägypter »Ka« nannte, ist in die Augen fallend. Aber unverkennbar verschieden ist doch die Erlebnisgrundlage. Dem ägyptischen Begriff des Ka sieht man es ohne weiteres an, daß er aus dem alten Schauen stammt; seine Darstellung als Doppelgänger der äußeren Gestalt, seine engen Beziehungen zum Sonnenlicht weisen darauf hin. Der Ka ist makrokosmischer Natur. Die ganze ägyptische Kultur ist ohne den Begriff des Ka nicht verständlich; wenn man ihn nicht hat, fehlt einem der Boden, auf dem sie erwachsen ist, und alle Erscheinungen bekommen etwas Gespenstisches, weil sie in der Luft zu schweben scheinen. Denn der Ägypter empfindet seinen Schwerpunkt noch auf der geistigen Seite der Welt, von der die irdische nur ein Ausdruck ist.

Der Begriff der »Psyche« dagegen entstammt dem Atmungserlebnis, mit dem der Grieche sein Seelenleben verbunden fühlt; er gehört deswegen dem Mikrokosmos an. – Und auch die Gedanken werden zu homerischer Zeit nicht in Verbindung mit dem Gehirn erlebt, sondern »im Herzen und im Zwerchfell.« Wie R. Steiner zeigte, sind mit diesem Ausdruck nicht Organempfindungen im heutigen Sinne gemeint, sondern die mit Herz- und Atmungstätigkeit verbundenen *Rhythmen* wurden als die irdische Grundlage des Seelischen erlebt. Auf dem harmonischen Zusammenstimmen dieser Rhythmen beruht das griechische Lebensgefühl: ein Mensch zu sein.

Und eigentlich ist die griechische Kulturepoche die erste, in der die irdischen und kosmischen Kräfte im Gleichmaß erlebt werden; in allen vorhergehenden Kulturen überwog, wie wir gesehen haben, das Bewußtsein vom kosmischen Wesen des Menschen.[23] Damit hängt es auch zusammen, daß die Reste hellseherischer Fähigkeiten, die im Anfang dieser Epoche – in den homerischen Dichtungen – noch zu bemerken sind, verhältnismäßig bald verschwinden.

In der Frühzeit aber hat der Begriff der »Psyche« durchaus noch eine bildhafte Nuance: die Psyche des Sterbenden wird sichtbar, wird zum »Eidolon«, und bleibt dem Blick der Irdischen auf kurze Zeit – oft wohl nur einige Tage – erreichbar.[24] Während dieser Zeit versucht auch der Grieche, mit dem Toten

---

[23] Wollte man, analog der babylonischen Ausdrucksweise, auch für die anderen Kulturen einen »Verkörperungsindex« aufstellen, so müßte man vielleicht sagen: Gilgamesch war noch zu zwei Drittel Gott, zu einem Drittel Mensch; der Ägypter war etwa zu sieben Zwölftel göttlichen, zu fünf Zwölftel menschlichen Wesens; bei dem Griechen waren göttliche und menschliche Kräfte im Gleichgewicht. Aber dies ist natürlich nur ein Schema.

[24] Gerade die Unterschiede in der Begriffsbildung des Ka und der Psyche lassen die tiefgehende Verschiedenheit beider Epochen erkennen. Der Ägypter erlebt den Ka im wesentlichen an den *Lebensphänomenen*: am jungen, gesunden Menschen, am Wachstum, an der Ernährung; dem Griechen dagegen wird die Psyche nur im Moment des *Todes* sichtbar. – Der Ägypter unterscheidet außer dem Ka sehr genau die Seele, und stellt sie mit dem äußeren Bilde des Vogels dar; der Grieche erlebt nur innerlich, an der Atmung, und überträgt dann den Begriff »Psyche« auf das, was nach Tode sichtbar wird. Dies aber ist nicht die Seele, sondern der Ätherleib. Doch diesen erlebte der Grieche so verschmolzen mit dem physischen Leib, daß z.B. Hippokrates die Heilwirkungen – die doch ausgesprochen vom Ätherleib ausgehen – der »Physis« zuschreibt. So kommen im Lauf der Zeit Begriffsverschiebungen zustande, die sich ohne geisteswissenschaftliche Einsicht nicht entwirren lassen.

durch einen Kult in Beziehung zu treten. So schildert Homer die Leichenfeier des Patroklos, bei der Achill seinem Freunde außer einer großen Anzahl von Tieren auch zwölf edle Troerjünglinge schlachtet.

»Der ganzen Erzählung liegt die Vorstellung zugrunde, daß durch Ausgießung fließenden Blutes, durch Weinspenden und Verbrennung menschlicher und tierischer Leichen die Psyche eines jüngst Verstorbenen erquickt, ihr Groll besänftigt werden könne. Jedenfalls wird sie hierbei als menschlichem Gebete noch erreichbar, als in der Nähe der Opfer verweilend gedacht.« ... »Nach vollendeter Verbrennung des Leibes, so verkündigt die Psyche des Patroklos selbst dem Achill, wird diese Psyche in den Hades abscheiden, um *nie* wiederzukehren.«
(Rohde)

Wer unvoreingenommen diese Szene betrachtet, wird zugeben müssen: was der Ägypter den Abgeschiedenen als Totenkult angedeihen läßt, steht auf einer höheren, ja ursprünglich durchaus spirituellen Stufe. Niemals hören wir dort von gewaltsamen Menschenopfern, von der geisterbeschwörenden Verwendung des Blutes.

Aber das griechische Bewußtsein empfand auch, daß hier ein gefährlicher Abweg drohte, daß es besser war, auf alles alte Hellsehen zu verzichten, als die verflackernden, trüben Reste desselben durch schwarzmagische Künste noch für kurze Zeit zu beleben. Die Ödipus-Sage bringt es klar zum Ausdruck: was dort als die Erscheinung der Sphinx geschildert wird, ist nichts anderes als die aus dem Unterbewußtsein des Griechen heraufdrängende Welt des alten Schauens, die, in Ägypten noch zum Schaffen anregend, jetzt aber, zur unrechten Zeit, die Seele wie vor dem dämonischen Blick der Meduse erstarren ließ.

Denn ganz mit Recht hatte der Ägypter noch den Menschen in seiner Verbingung mit der Tierwelt erlebt und dargestellt. Wie in einer Erinnerung an vergangene, paradiesische Entwicklungsepochen durfte er die Seele als Vogel darstellen, den mut-beseelten Menschen als die löwenköpfige Göttin Hathor, konnte er in dem Bilde der Sphinx eine Antwort empfinden auf die Frage: Was ist der Mensch?

Der Grieche aber wußte: er sollte das Rein-Menschliche herausbilden. Und was an alten Imaginationen in seiner Seele heraufkam, das gab ihm nicht mehr Antwort, sondern das empfand er als Trübungen des Bewußtseins. Ödipus konnte sich erst in dem Moment von ihnen befreien, in dem er sich zu der Erkenntnis durchrang: Sinn und Ziel bekommt diese alte

Bilderwelt erst durch den Menschen. Nicht von ihr darf er die Antwort auf seine Fragen erwarten, sondern er muß sie mit erkennendem Blick durchschauen, muß ihrem chaotischen Gewoge gegenüber das klare Ziel: »der Mensch« behaupten.

Nicht vermöge irgendeines Zaubers stürzte die Sphinx in den Abgrund, sondern das alte Bilderbewußtsein mußte mit innerer Notwendigkeit in demselben Augenblick verschwinden, in dem die Menschheit sich zum bewußten, vom Wollen getragenen Denken aufschwang.

Und der Felsenabgrund, in den Ödipus die Sphinx hinunterwarf, ist nichts anderes als die irdische Leiblichkeit. Ägyptisch ausgedrückt: der Ka wurde jetzt so innig mit der physischen Organisation verbunden, daß seine Kräfte nicht mehr als Imaginationen in die Seele heraufkamen. Sie wirkten jetzt ganz im Einklang mit den Kräften des physischen Leibes, und sie äußerten sich zunächst in dem, was das Charakteristische der griechischen Epoche ist: in dem *plastischen Gefühl.* Die ganze griechisch-römische Kultur ist ja ihrem inneren Wesen nach aus den architektonisch-plastischen Kräften der menschlichen Organisation entstanden.

Mit Staunen ergreift es uns immer wieder, welche Fülle der Gestalten sie uns hinterlassen hat; ganz gewiß haben die Künstler dieser Zeit noch nicht so mit der Materie ringen müssen, wie es für Michelangelo Schicksal war.

Aber auch was wir als griechische Philosophie bezeichnen, hat im Grunde genommen diesen Ursprung. Die Natur-Philosophen, von Pherekydes angefangen, erleben noch die starke Verbundenheit der menschlichen Kräfte mit denen der äußeren Elemente. Deswegen: wie sich in ihnen die Elemente mischen, so philosophieren sie; Naturphilosophie ist, wie Rudolf Steiner gezeigt hat, Philosophie aus dem Temperament – d. i. Mischung der Elemente – heraus.[25] Und so erscheint dem Thales die Welt aus seinem phlegmatischen – wässerigen – Temperament heraus begreiflich, dem cholerischen Heraklit aber aus dem Feuer.

Bei Plato jedoch sind die plastischen Kräfte schon so tief in die Leiblichkeit eingetaucht, daß er ihr Plastizieren nicht einmal mehr als Relief, sondern nur noch als Schattenbild empfindet. Aber er weiß: diesem Schattenbild entsprach einmal ein Leuchtendes – doch das wurde vor der Geburt erlebt,

---

[25] Vgl. Rudolf Steiner: *Die Rätsel der Philosophie* (1914), GA 18., Dornach 1968.

noch in der geistigen Präexistenz. Wie die untergehende Sonne oft noch am östlichen Himmel sich spiegelt, so erscheint die Gedankenwelt des Plato.

Aristoteles aber erhebt sich nach Sonnenuntergang. Er beleuchtet die Dinge mit dem Strahl des eigenen Denkens, denn es ist dunkel geworden. Und nun entdeckt er die Architektur der Gedankenwelt – und nennt sie: Logik. Die Philosophie erhebt sich als der Vogel Phönix aus dem Grabe der Sphinx.

In seiner Abhandlung *Wie die Alten den Tod gebildet* berichtet uns Lessing, daß die Griechen den Tod nicht als Skelett darstellten, sondern als geflügelten Jüngling, »der in einer tiefsinnigen Stellung, den linken Fuß über den rechten geschlagen, neben einem Leichnam steht, mit seiner Rechten und dem Haupte auf einer umgekehrten Fackel ruht, die auf die Brust des Leichnams gestützt ist, und in der Linken, die um die Fackel herumgreift, einen Kranz mit einem Schmetterling hält.« Meistens findet sich neben ihm noch der Aschenkrug. Ausdrücklich betont Lessing, daß fast alle Darstellungen die Jünglingsgestalt mit gekreuzten Beinen zeigen; bei dem Leichnam dagegen liegen die Beine nebeneinander.

Es ist Lessing trotz allen Scharfsinns nicht gelungen, diese Darstellung des Todes verständlich zu machen; sie bleibt ihm Allegorie. Im Sinne der obigen Ausführungen kann es aber nicht zweifelhaft sein, daß es sich hier nicht um eine Allegorie handelt, sondern um eine bildhaft-reale Darstellung dessen, was im Sterben vor sich geht. In der Gestalt des Jünglings sehen wir die »Psyche« – den Ätherleib, – die soeben ihr physisches Abbild verläßt. Ja, die umgewendete Fackel deutet auf die Gegend des Herzens; dies ist die Stelle, wo im Sterben der Ätherleib sich aus dem physischen herauslöst. Nicht verloschen ist die Lebensflamme, aber ihre Richtung hat sie geändert; sie ist physisch unsichtbar geworden. Was dann vom physischen Leib übrig bleibt, das birgt der Aschenkrug. Auf die späteren Schicksale des Ätherleibes deutet der Kranz hin: er wird in der ätherischen Welt zurückgelassen, wie es in den Mignonliedern heißt:

»Dort ruh' ich eine kleine Stille,
dann öffnet sich der freie Blick.
Ich lasse dann die reine Hülle,
den Gürtel und den Kranz zurück.«

Der Mensch gibt damit der Welt der ätherischen Lebenskräfte zurück, was er ihr für die Dauer der Verkörperung entliehen hatte, und was noch nicht zu seinem völligen Eigentum geworden ist: das Pflanzenhaft-Ätherische.

Dann erhebt sich befreit der »Schmetterling« – die Seelenhülle; seine Flügel wachsen in die Weltenweiten, und all der Staub und Schimmer, mit denen sie sich durch Sonnenschein beladen haben, glimmt wieder auf in der seelischen Welt, im Verglimmen Spuren für den Weg in die nächste Verkörperung zurücklassend.

Was aber will das Kreuzen der Beine besagen? Erlebnisse am Krankenlager gaben mir eine Antwort auf diese Frage. – Ein Maler hatte sich beim Ausmalen einer Kirche eine schwere Bleivergiftung zugezogen, die im Laufe der Jahre zu unaufhaltsamem Siechtum führte. Als ich ihn das erste Mal sah, war er seit langem ans Lager gefesselt; denn die Beine versagten den Dienst. Er berichtete über eine merkwürdige Erscheinung: oft hatte er das deutliche Gefühl, sein linkes Bein liege über dem rechten gekreuzt; sah er dann hin, so fand er zu seinem Erstaunen, daß die Beine nebeneinander lagen. Ich konnte diese Erscheinung nur so verstehen, daß der Ätherleib aus den Beinen bereits stark herausgelöst war, und daß der Kranke diesen fühlte, und nicht den physischen Leib. Noch in verschiedenen anderen Fällen trat diese Erscheinung auf, so u. a. bei einer Krebskranken in den letzten Tagen vor dem Tode.

Man darf also wohl sagen: Der Ätherleib zeigt, wenn er zum Teil aus dem physischen Leibe heraustritt, die Tendenz, eine innerliche Kreuzung zu vollziehen.[26]

Derartiges müssen die griechischen Künstler gewußt haben, die den »Tod«, d. h. eigentlich die den Leib verlassende übersinnliche Wesenheit des Menschen, mit gekreuzten Beinen darstellten. Ob dieses Wissen noch auf eigenem übersinnlichem

---

[26] Durch die Eurythmie wissen wir, daß dies die Gebärde des E ist, die zustande kommt, wenn das Ich sich im Ätherleibe erlebt. Und damit erhellt sich unsere Frage: Der Mensch, dessen Ätherleib zum Teil aus dem physischen ausgetreten ist, vollführt unbewußt in diesem Teile eine Kreuzung, um sein Bewußtsein darin aufrecht erhalten zu können. Denn, wenn ein Teil des Ätherleibes ausgetreten ist, so besteht immer die Gefahr des völligen Austretens und damit der Bewußtlosigkeit und tiefgehender Störungen. Durch die im Ätherleib ausgeführte Kreuzung bewahrt sich der Mensch vor dem Zerfließen in der ätherischen Welt.

Schauen beruhte oder bereits Tradition geworden war, ist von unserem Gesichtspunkt aus gleichgültig; daß ursprünglich ein Schauen vorgelegen haben muß, daran kann kein Zweifel sein. Daher hat die von Lessing geschilderte Darstellung des Todes zwar einen symbolischen Charakter, doch beruht dieser auf realen Untergründen.

Solche Zusammenhänge des künstlerischen Erlebens mit dem Todesereignis ließen sich wahrscheinlich viel häufiger auffinden, wenn man ihnen nachgehen würde. So wies Rudolf Steiner gelegentlich seiner Vorträge über »Wege zu einem neuen Baustil« auf die Entstehung des korinthischen Kapitäls hin. Er erinnerte dort an die Anekdote des Vitruv, wonach Kallimachos die Anregung zur Schaffung dieses Kapitäls dadurch bekommen habe, daß er eine Akanthuspflanze auf dem Grabe eines Mädchens wachsen sah. Scheinbar soll also mit dieser Erzählung eine rein naturalistische Erklärung für die Entstehung dieses Motivs gegeben werden, und so wurde sie bisher auch von den Kunstgelehrten fast allgemein aufgefaßt.

Rudolf Steiner dagegen bezeichnete diese Auffassung als ein völliges Mißverständnis: das Wichtige in der Erzählung sei, daß Kallimachos die Pflanze auf einem *Grabe* gesehen haben solle; denn es handle sich bei der Anekdote überhaupt nur um die Einkleidung eines übersinnlichen Erlebnisses des Kallimachos, »der über dem Grab eines Mädchens aufstreben sah das Sonnenmotiv im Kampfe mit dem Erdenmotiv, und darüber das Mädchen sah, schwebend in reinem, ätherischem Leibe.[27] Kallimachos habe durch diese Schau ein bereits traditionell gewordenes Symbol – das Erden-Sonnenmotiv – wieder unmittelbar in sich beleben und es als Künstler dann zum Motiv des korinthischen Kapitäls gestalten können.[28]

Doch solche Erlebnisse wie das des Kallimachos waren in der klassischen Zeit des Griechentums offenbar nur noch Ausnahmefälle. Die Entwicklung des griechischen Bewußtseins zur

---

[27] Rudolf Steiner: *Wege zu einem neuen Baustil.* Stuttgart 1957.
[28] F. Kempter hat in seinem Buch *Akanthus* die Entstehung dieses Motivs an Hand von zahlreichen antiken Darstellungen eingehend erörtert. Interessant ist, daß sich auch in der ägyptischen Kunst vielfach Darstellungen des aus dem Grabe des Osiris hervorwachsenden »Lebensbaumes« finden. Das Thema des »Lebensbaumes« wurde behandelt von Prof. Dr. *Karutz* in dem Buch *Aber von dem Baume der Erkenntnis...*, Stuttgart 1930.

sinnlichen Erfassung der Außenwelt und die Herausbildung des Ich-Bewußtseins ging mit Riesenschritten vor sich und mußte notwendigerweise diese Erlebniswelt zurückdrängen.

So entschwand dem Blick des Griechen das Gebiet der Totenwelt nach und nach völlig. Mit Recht bezeichnet er es darum als »Aides«, »Hades«, d.h. das Unsichtbare. Und der Grieche liebt die sichtbare Welt um so mehr, je mehr die jenseitige in der Dunkelheit verschwindet. – Der Tod erscheint ihm als der Beginn hoffnungsloser Öde.

Nur in den Mysterienkulten werden die Suchenden noch zu Einsichten in die ewige Natur der Menschenseele geführt, und von dort strömten diese auf den Wegen der Philosophie und Kunst[29] in das alltägliche Leben. Insbesondere die Philosophie des *Heraklit* ist, wie Rudolf Steiner zeigte[30] ohne den Hintergrund der Mysterien überhaupt nicht zu verstehen; sie ist Mysterienweisheit, gespiegelt durch eine eigenartige Persönlichkeit.

Heraklit hat die Vergänglichkeit aller natürlichen Dinge durchschaut, und auch das menschliche Leben in seinen verschiedenen Gestaltungen ist ihm nur Schein, hinter dem sich das bleibende Ewige verbirgt: »Dasselbe ist Leben und Tod, Wachen und Schlafen, jung und alt; dieses sich ändernd ist jenes, jenes wieder dies.« Wie der neue Zustand immer den Tod des alten bedeuten muß, so wird durch den Tod des irdischen das Dasein des ewigen Lebens offenbar: »Leben und Tod ist in unserem *Leben* ebenso wie in unserem Sterben.«

Eine Persönlichkeit von außerordentlich starker innerer Intensität muß Heraklit gewesen sein; das geht aus den Bildern hervor, in die er seine Gedanken kleidet, und unter denen das Feuer eine zentrale Stellung einnimmt. »Der Geist löst die Gedanken der Sinnlichkeit auf; er bringt sie zum Schmelzen. Er

---

[29] Schon J. J. Bachofen hatte mit seelischem Feingefühl die umfassende Bedeutung des Mysterienhintergrundes der antiken Grabkunst aufgespürt. Unter der Berührung mit seiner metaphysischen Wünschelrute enthüllten ihm manche Symbole der Gräberwelt ihr Geheimnis. Doch er drang mit seiner auf das Geistige gerichteten Forschung bei dem gelehrten Philistertum nicht durch – was er auch nicht anders erwartet hatte. Vgl. Joh. Jak. Bachofen: *Urreligion und antike Symbole*. Neu herausgegeben von C. A. Bernoulli.

[30] Vgl. R. Steiner: *Das Christentum als mystische Tatsache*.

ist ein verzehrendes *Feuer*. Dies ist der höhere Sinn des Heraklitischen Gedankens, daß Feuer der Urstoff aller Dinge sei ... Für ihn lebte auch im gewöhnlichen Feuer der Geist.«[31] Derselbe Geist, den er in sich selber als den »Dämon« wirken fühlte, für den die irdische Persönlichkeit nur *eine* Erscheinungsform unter unendlich vielen möglichen ist. »Von Persönlichkeit zu Persönlichkeit vermag er sich zu wandeln. Der große Gedanke der Wiederverkörperung springt wie etwas Selbstverständliches aus den Heraklitischen Voraussetzungen. Aber nicht allein der Gedanke, sondern die *Erfahrung* von dieser Wiederverkörperung. Der Gedanke bereitet ihn nur für diese Erfahrung vor.«[32]

Heraklit durchschaut die Vergänglichkeit der Dinge und den Schein des Todes. Aber man hat den Eindruck: es ist noch Wissen der alten Art, das in ihm Gestalt gewinnt. In Heraklit scheint die ganze Weisheitswelt der Vergangenheit noch einmal, wie von dem Seelenfeuer einer starken Persönlichkeit zu neuem Leben erweckt, in einer großen Flammensäule aufzuleuchten.

*Sokrates* dagegen ist der erste, der empfindet: Wenn Philosophieren im Grunde nichts anderes heißt als: sich frei machen wollen von dem Schein der Sinneswelt, dann müssen ja diejenigen, »die sich auf rechte Art mit Philosophie befassen, ... ohne daß es freilich die anderen merken, nach gar nichts anderem streben, als zu sterben und tot zu sein.« Er ist der erste, der die immanente Bedeutung des Todes für alles Philosophieren durchschaut, der erkennt: der Tod hat für die Seele die Bedeutung eines Fermentes, das aus ihrem vergänglichen Sein das Bewußtsein vom Ewigen hervorgehen läßt.

Zwar – beschwert von einer plumpen Körperlichkeit – mußte Sokrates auf weite Geistesblicke verzichten, die ihm unter günstigeren leiblichen Bedingungen, seiner Reife nach, sonst wohl vergönnt gewesen wären. Und so muß er sich Schritt für Schritt den Weg zu den Grundwahrheiten der Philosophie bahnen.

Aber er hat mit seinem Tode der Philosophie die Weihe der Mysterien verliehen. »Er ist gestorben, wie nur ein Eingeweihter sterben kann.« Ein Strahl des Osiris war wohl einst in seine Seele gefallen. Und das Horuskind in seinem Herzen lächelte, als der Diener den Schierlingsbecher reichte.

[31] Rudolf Steiner a.a.O.
[32] Rudolf Steiner a.a.O.

Von den Mysterien und der Schule des Pythagoras ging auch die Lehre von der Wiederkehr der Seele in wiederholten Erdenleben aus, und von dort übernahm sie Plato. – Doch jetzt handelt es sich bereits um eine Lehre, über die man diskutieren kann, nicht mehr um eine die Seele tragende oder allgemein anerkannte Überzeugung. Alle alten Wahrheiten verschleierten sich nach und nach vor dem Blick des erwachten, jungen »Ich.« Und das mußte so sein, denn was in Zukunft die menschliche Seele an Wahrheiten erwerben konnte, das wollte sie vollbewußt, als Ich-Wesen, sich durch eigene Tätigkeit auf dem Wege des Denkens erringen. Denn dieses »Ich« war stolz: es erkannte keine Autorität an als sein eigenes Denken.

Und so behandelte es auch die Idee der Wiederverkörperung als eine Angelegenheit – der Archäologie. Platos herrliche Idee stand bald so einsam wie die verlassenen Tempel von Paestum –, von der Menge nicht gekannt, von den Wissenschaftern zwar registriert, auf die Entwicklung des Geisteslebens aber ohne bestimmenden Einfluß.

Die Idee des ewigen Lebens schien selber zu Grabe getragen zu sein – oder sie wurde ins »Jenseits« verbannt. Bis sie nach zweitausend Jahren in den Denkern des Abendlandes ihre Auferstehung feierte.

### *Beginn der Neuzeit*

> Schaue den Knochenmann
> Und du schaust den Tod.
> Schau ins Innere der Knochen
> Und du schaust den Erwecker.
>
> Rudolf Steiner

Nur eine Verbindung bleibt dem Menschen nach dem Verlust des Schauens mit der Welt des Übersinnlichen: die Idee[33]. Der Ursprung des Wortes deutet noch auf die Entstehung aus dem alten Schauen hin; sein Inhalt aber ist jetzt nicht mehr dem Schauen, sondern nur noch dem Denken zugänglich.

Jedoch von Platos Zeiten bis ins 14. Jahrhundert hinein haben die Menschen beim Denken nicht das Erlebnis subjektiver Tätigkeit, sondern die Empfindung: »Ich nehme teil an

---

[33] Eigentlich: das Schaubare; lateinisch: videre (sehen), deutsch: wissen. Der Bedeutungswandel ist eine Folge des Bewußtseinswandels.

der Gedankenwelt.« – Der Mensch dieser Zeit denkt nicht – er nimmt Gedanken wahr. Und diese Gedanken werden nicht als etwas Subjektives erlebt, sondern als der Ausdruck der objektiven geistigen Welt, aus der Mensch und Welt hervorgegangen sind. Dies Denken konnte ihm noch als gültig empfundene Antworten geben auf die Fragen nach dem Sinn des Lebens, nach dem Rätsel des Todes. Es verbindet ihn noch mit allem Lebendigen und Sichtbaren, weil es eigenes Leben hat. Und dieses Denken hat noch soziale Substanz, denn die Menschen, die so erlebten, fühlten sich mit allen anderen in einer gemeinsamen »Gedanken-Atmosphäre«[34].

Doch in den Tiefen der Seele kündigt sich bereits ein neuer Umschwung an; die Künstler fühlen es und finden sofort den richtigen und endgültigen Ausdruck dafür: vom 14. Jahrhundert ab stellen sie den Tod als *Skelett* dar. Vorher diente ihnen dazu das Bild eines geschrumpften Leichnams; dann wird daraus ein entfleischtes Gerippe, dem man Sense und Stundenglas beigibt, in Anlehnung an die Offenbarung Johannis. Welche Veränderung ist mit der menschlichen Seele vor sich gegangen, daß ihr statt der lebendigen Imagination des Todes, wie sie der Grieche noch kannte, das tote Gerippe bleibt?

Eine tiefgehende Wandlung hat sich mit ihr vollzogen – sie hängt damit zusammen, daß – wie wir schon sahen – die Menschheitsentwicklung sich nicht nur im Gebiet des Geistig-Seelischen abspielt, sondern zugleich ein *fortschreitender Inkarnationsprozeß* ist. Die Menschen der früheren Kulturen durchdringen mit ihrem geistig-seelischen Wesen den Leib noch nicht völlig; sie erleben ihn nur durch die Atmung. Der Inder bezeichnet sein höchstes geistiges Sein mit »Atma«. Und noch der Grieche erlebt sich im Leibe eigentlich nur durch den Rhythmus von Puls und Atmung, in »Herz und Zwerchfell«.

Erst zu Beginn unseres Zeitalters dringt die Seele bis zum inneren Erleben des Knochensystems vor, bis dahin, wo der Lebensprozeß in der Ausscheidung des Kalkes sich selber ein Ende setzt. Das gibt ihr Sinn und Verständnis für das Materielle; das verleiht ihr die Fähigkeit und den Trieb, auch in der Außenwelt das Tote anzuschauen und zu verstehen. Und Verständnis für das Tote zu haben, ist ja das eigentlich Charakteristische der *Naturwissenschaft*, die mit Messen, Zählen und

---

[34] Nach einem Vortrag Rudolf Steiners vom 1. 7. 1924, in: *Esoterische Betrachtungen karmischer Zusammenhänge* Bd. 3 (GA 237).

Wägen an die Naturerscheinungen herantritt. Ihr Aufblühen beruht auf dem Grunderlebnis des neuen Zeitalters: dem inneren Ertasten des Knochensystems. Damit hängt zusammen die Fähigkeit und die ausgesprochene Neigung des Menschen zum Denken in mechanischen Formen, zum Erfinden technischer Instrumente und Maschinen. Denn die Maschine ist ja letzten Endes eine äußeren Zwecken angepaßte Metamorphose der in die Außenwelt projizierten Mechanik des Knochensystems.

Diese stärkere Durchdringung der Leiblichkeit bis zum inneren Ertasten des Knochensystems hat aber andererseits zur Folge, daß die Sinnestätigkeit viel von ihrer früheren Lebendigkeit einbüßt, daß sie gewissermaßen erstarrt.

Besonders deutlich läßt sich dies an der *Entwicklung des Farbensinnes* verfolgen. Nach den Forschungen des Augenspezialisten Hugo Magnus und anderer kann es nicht zweifelhaft sein, daß es in der menschlichen Entwicklungsgeschichte eine Zeit gegeben haben muß, in welcher das Auge nur Lichtsinn war, der Farbensinn aber noch vollständig fehlte, und daß der letztere sich erst aus dem Lichtsinn entwickelt hat.

So fällt in den Landschaftbeschreibungen Homers auf, daß er das Grün nicht hervorhebt, sondern nur von den Lichteffekten spricht. Im übrigen wendet er wohl ein Wort an, das später auch für »grün« gebraucht wird (chlorós), es bedeutet bei Homer aber durchaus noch nicht im heutigen Sinne »grün«. Das ergibt sich ohne weiteres aus seiner Anwendung für Honig, oder wenn er es gebraucht, um das nach dem Blaßgrünen gehende Aussehen eines erschreckten oder geängstigten Menschen zu kennzeichnen. Auch die blaßgrüne Farbe der jungen Saat wird mit chlorós bezeichnet. Dieses Wort hat also ursprünglich zweifellos »gelblichgrün«, »gelb« bedeutet, immer verbunden mit dem Charakter des »Fahlen«. Erst in der späteren griechischen Zeit wird Gelb und Grün exakt unterschieden, woraus hervorgeht, daß sich die Empfindlichkeit für Grün erst allmählich aus der für Gelb herausdifferenziert hat. – Dasselbe gilt für die Wahrnehmung des Blauen. Bei Homer werden nämlich blaue Blumen, der blaue Himmel mit denselben Worten beschrieben wie dunkles Haupthaar, schwarze Trauerkleider, graue Wolken. Daraus ergibt sich, daß zu Homers Zeiten die Empfindung für Blau von der Schwarzempfindung noch nicht gesondert war. – Noch die Pythagoräer zählten nur vier Farben: Schwarz, Weiß, Rot, Gelb, und Plinius berichtet, daß in alten Zeiten die Maler zum Anfertigen ihrer Gemälde nur Rot benutzten, weswegen diese auch Monochromata hießen; später habe man vier Farben benutzt, nämlich Weiß, Schwarz, Rot und Gelb.

Die angeführten Tatsachen, die nur eine kleine Auswahl aus dem ungeheuren Material darstellen, zeigen deutlich, daß sich die Menschheit erst im Laufe langer Zeiträume die heutige Farbenempfindung erworben hat.[35]

Es ist aber, worauf wir schon oben hingewiesen haben, ein Gesetz aller Entwicklung, daß neue Fähigkeiten nur erworben werden können, wenn dafür alte verschwinden. So mußte in dem Maße, als die sinnliche Wahrnehmungswelt erobert wurde, das alte Hellsehen zurücktreten.

Wir sahen schon bei der Betrachtung der altindischen Zeit, daß das Bewußtsein damals noch nicht in so starkem Maße durch die physischen Sinnesorgane bedingt war wie heute. Das hing damit zusammen, daß der Mensch dieser Zeit überhaupt noch nicht so scharfe und so starre Sinneswahrnehmungen hatte wie der heutige. Jede Sinneswahrnehmung ist ja zugleich ein Lebensvorgang im Organismus. Auf eine äußerlich wahrgenommene Farbe reagiert das Auge mit einer innerlich produzierten »Gegenfarbe«, auf Rot mit Grün usw. Diese innerlich produzierten Farben nehmen wir aber im allgemeinen nicht war, weil sie von der Intensität der äußeren Farbe überleuchtet werden. Es gibt aber Menschen, bei denen die »innere Farbe« so stark in die äußere Wahrnehmung hineinspielt, daß diese dadurch in ihrer Qualität merklich verändert wird. Sie sehen z. B. ein Gelb neben starkem Rot als »Grün«, weil das durch das Rot innerlich hervorgerufene Grün das ihm nahestehende Gelb gewissermaßen überleuchtet.

Ein ähnlicher Zustand war früher offenbar allgemein, und zwar so, daß in den frühesten Zeiten äußere und innere Farbe sich das Gleichgewicht hielten. Dann würde nämlich überhaupt

---

[35] Es sei auf die Beobachtungen bei Hirnverletzten hingewiesen, bei denen Farbenblindheit auftreten kann. Entsprechend dem Fortschreiten der Heilung stellt sich die Farbenempfindlichkeit dann gradweise wieder ein, und zwar analog der für die griechische Zeit beschriebenen Entwicklung des Farbensinnes.
Es liegt hier also ein Fall von ontogenetischer Wiederholung einer phylogenetischen Entwicklung vor – d. h. ein Einzelwesen wiederholt die Entwicklung der Gesamtheit. Allerdings besteht die Entwicklung in diesem Fall nicht in einer Formverwandlung, sondern in einer solchen des Qualitätserlebens. Aber die Entwicklung der Menschheit ist eben mit der Vollendung der Form durchaus nicht abgeschlossen, sondern setzt sich in einer Entwicklung der Qualitäten fort. Die letztere aber hängt mit dem allmählichen Eintauchen der Seele in die Leiblichkeit zusammen, mit dem »Verkörperungsindex«. Und andererseits: jeder Heilungsprozeß ist in irgendeinem Grad eine Wiederholung des Inkarnationsprozesses.

keine Farbenwahrnehmung zustande kommen, sondern nur die Wahrnehmung des Lichtes, diese aber verbunden mit dem Erleben seiner Wirkung auf den *Lebensprozeß*. Die Voraussetzung dazu würde also sein, daß der Mensch die Lebensvorgänge des eigenen Organismus ebenso stark wahrnimmt wie die Vorgänge, die in der Außenwelt der Sinneswahrnehmung zugrunde liegen[36].

Das traf nun nach Rudolf Steiners Darstellung für die Menschheit bis zur griechischen Kulturepoche – in ständig abnehmendem Maße – zu, weil die Seele sich immer intensiver mit der Leiblichkeit verband. Der Grieche der Frühzeit lebte noch sehr stark den Wahrnehmungprozeß mit; der Mensch der Neuzeit hat nur noch fertige Wahrnehmungsbilder. Dürer aber empfindet, wenn er in die Welt hinaussieht, eine starre Perspektive. Und der perspektivische Fluchtpunkt ist im Grunde genommen das hinausprojizierte Bild des sich im Leibe erlebenden Ich. So wie dieser Mittelpunkt mit den Einzelheiten des Bildraumes rein linear in Beziehung gesetzt wird, ohne daß ein wesensgemäßer Zusammenhang zwischen ihnen zu bestehen braucht, so empfindet sich der Mensch der Neuzeit allein zwischen den Dingen des Raumes, ohne eine innere Beziehung zu ihnen zu haben. Die mathematische Beziehung tritt an die Stelle der Wesensbeziehung.

Daher ist es begreiflich, wenn die Menschen dieses Zeitalters empfinden: alles Wissen muß von jetzt ab auf eine andere Basis gestellt werden. Man kann nicht mehr vom Erbe vergangener Zeiten zehren, denn das alte Wissen vom Sein der Ideen, »Sophia«, hatte andere Voraussetzungen. Der Menschheit ist die Existenz der toten Materie zum Bewußtsein gekommen, und sie wird in Zukunft diese Tatsache nicht außer acht lassen können. Es hätte auch gar keinen Sinn, sich gegen diese Entwicklung zu sträuben, denn die auf der Wahrnehmung der toten Substanz beruhende Erkenntnisart ist doch etwas Neues

---

[36] Auf einem solchen, wenn auch dumpfen Empfinden der Lebensvorgänge, die durch die Sinneswahrnehmung im Organismus hervorgerufen werden, beruhte auch die Fähigkeit, mit dem Anblick einer Pflanze zugleich deren Heilwert oder Giftigkeit wahrzunehmen. Naive Historiker haben gemeint, die primitiven Menschen der Frühzeit hätten, ebenso wie man das heute machen würde, der Reihe nach alle Pflanzen durchprobiert und auf diese Weise ihre Wirkungsweise erforscht. In Wirklichkeit hat man ein solches Probieren bei primitiven Völkern nie beobachtet, wohl aber Reste der beschriebenen instinktiv-diagnostischen Fähigkeit.

gegenüber allen früheren Erkenntnismöglichkeiten; sie ist klar zu überschauen, sie läßt dem Menschen die Freiheit, seinen Erkenntnisdrang an ihr zu betätigen, ja sie beruht ausschließlich auf der Existenz und der Aktivität des Individuums. Nicht aus dem durch die Sinne gegebenen Sein versucht darum *Cartesius* die Berechtigung des Denkens abzuleiten, sondern im Denken fühlt er die Basis, auf der er seine eigene geistige Existenz und seine Stellung zur Welt begründen kann. Die frühere Weisheit erfloß aus dem Teilnehmen an einer gemeinsamen Gedanken-Atmosphäre; das moderne Wissen erhebt sich auf dem Untergrund der Wahrnehmung des Toten, das jeder in sich trägt. Dadurch gibt es ihm zugleich das Bewußtsein vom »Ich«. Aber eben dadurch entsteht die Möglichkeit, daß das Wissen in den Bereich des Egoismus hineingezogen wird.

Das bedingt die zwiespältige Empfindung der Menschen dieses Zeitalters dem neuen Wissen gegenüber: sie ersehnen es mit aller Kraft ihrer Seele, und sie fürchten sich zugleich davor. Sie spüren: auch die letzten Reste alter Sophia müssen der Menschheit genommen werden, denn das Bewußtsein vom »Ich« muß erstehen. Die Empfindung dieser Notwendigkeit ließ die Seele des mittelalterlichen Menschen innerlich erschauern. Warum schreckten sie denn vor der Buchdruckerkunst wie vor einem Werk des Teufels zurück? Weil sie fühlten: diese Methode, Wissen zu verbreiten, löst den Zusammenhang mit dem Geiste auf, gibt dem Menschen die Möglichkeit, seinen Egoismus in bisher ungeahnter Weise durch das Wissen auszuleben.

So legt der Mensch des neuen Zeitalters selber in sein Geistes-Schicksal den Keim des Todes hinein. Aus dem Empfinden dieses Lebenswiderspruches entsteht die Gestalt des Faust, der ein Skelett in seinem Studierzimmer beherbergt und der, weil er ein ehrlicher und mutiger Denker sein will, eines Tages zur Giftschale greifen muß. Der Selbstmord scheint metaphysisch notwendig geworden zu sein.

Wenn darum Hans Holbein und andere Künstler dieser Zeit den »Knochenmann« als den ständigen Begleiter des Menschen in allen Lebensaltern darstellen, so liegt darin mehr als eine »Kapuzinerpredigt«; es will vielmehr bedeuten: der Tod ist ja gar nicht ein Ereignis, das uns erst am Endes unseres Lebens trifft, sondern eigentlich tragen wir ihn schon das ganze Leben hindurch in uns – man braucht nur ein wenig auf die Beweglichkeit des Knochensystems zu achten, und man spürt ihn tanzen.

Der Mensch der homerischen Zeit unterschied noch Thanatos, den natürlichen Tod im Alter, und Ker, den vorzeitigen, schicksalsmäßig bedingten Tod. Der mittelalterliche Mensch, der die Totentänze malt, empfindet den Tod als Lebenseinschlag mit seinem innersten Wesen verbunden; er spürt ihn wie eine schwarze Faser, ohne die der Lebensfaden nicht halten würde, und die eben doch das Leben zum »Totentanz« macht. Die Menschen fangen an, den Tod auf allen Gassen zu spüren, am intensivsten offenbar in den Zentren der Wissenschaft und Bildung.

In Paris, und von da ausgehend in ganz Frankreich und England, in Basel und in Deutschland, malt und dichtet man »Totentänze«. Das Ich hat den Tod in sich aufgenommen; es versucht ihn zu überwinden durch Philosophie, Dramatik und Humor. Und sollte der »Totentanz« nicht der Keim des modernen Dramas sein, wie das griechische Drama aus dem Mysterienspiel hervorging?

# Das Problem des Todes
# im Zeitalter der Naturwissenschaft

*Vitalismus und Materialismus*

Das Ergebnis des Bewußtseinswandels im Beginn der Neuzeit war, wie wir sahen, das naturwissenschaftliche Denken. In einem bis dahin ungeahnten Maße hat es die Welt des Materiellen erobert. Dieses auf das Mineralgerüst im Organismus und die damit zusammenhängenden Sinnesorgane sich stützende Bewußtsein war wie keine der vorhergehenden Bewußtseinsformen geeignet, die mineralisch-physikalischen Zusammenhänge in der Natur zu erkennen. Daß dabei die anderen Seiten des Daseins zu kurz kommen mußten, erscheint begreiflich, ja beinahe unvermeidlich.

Eigentlich tragisch kann es einen aber berühren, wenn man sieht, wie die Naturwissenschaft sich vergeblich bemüht, mit ihren Methoden das Problem des Todes zu lösen. – Tragisch, weil dieser Versuch von vornherein zum Mißlingen verurteilt ist, da er die Grenzen der naturwissenschaftlichen Methoden verkennt.

Denn diese können ihrem Wesen gemäß nur eine Erkenntnis der materiellen Vorgänge liefern, während das, was uns den Tod eigentlich zum Problem macht: die geistig-seelischen Zusammenhänge, der Naturwissenschaft unzugänglich bleiben müssen.

So hat z.B. E. Korschelt, mein verehrter Lehrer in der Zoologie, in seinem Buch *Lebensdauer, Altern und Tod* wohl alles zusammengetragen, was es an Beobachtungen auf diesem Gebiet gibt – eine erdrückende Fülle von Tatsachen, wenn man sie als solche, ohne das Licht einer Idee, auf sich wirken läßt.

Nach Korschelt ist der Tod »gewissermaßen die negative Seite des Lebens, mit dem er untrennbar verbunden ist und das ihm vorausgehen mußte, denn ohne Leben kein Tod im Sinne der Biologie. Daß sie leben, gehört gerade zum Wesen der Organismen und macht sie erst zu solchen. Wenn auch das Leben, indem es sich immer fortsetzt, den Schein der Unsterblichkeit besitzt, so gilt dies doch nicht für die einzelnen Individuen, die vergänglich und zumeist dem Tode geweiht sind.« Als tot erscheint uns, nach Korschelt, »ein Organismus, wenn das, was seine Teile zusammenhält und in Bewegung setzt, die Stoffwechselvorgänge ermöglicht und reguliert, die Sinneswahrnehmungen zustande kommen läßt und weiterleitet, Empfindungen bewirkt und Reaktionen auslöst, kurz das, was den Lebensvorgängen zugrunde liegt, weggefallen ist. Form und Struktur, physikalische und chemische Vorgänge allein tun es nicht, sondern das Leben ist in dem Zusammenwirken aller Teile des Organismus begründet, welches uns eben als Leben erscheint. Wenn dieses Zusammenwirken aufhört, gleichviel, ob es sich um einen vielzelligen oder einzelligen Organismus handelt, ist es mit dem Leben vorbei; der Organismus ist tot. Die Bestandteile und Strukturen sind zwar noch vorhanden, doch arbeiten sie nicht mehr zusammen, das leitende Prinzip fehlt; auch geht der Zusammenhang bald verloren; die Teile lockern sich und weichen auseinander; Form und Struktur verwischen sich außen wie innen und werden aufgelöst; schließlich zerfällt der Organismus in seine Bestandteile.«

Eigentlich kommt also Korschelt zu dem Resultat: das Wesen des Lebens ist das Lebendigsein und das Wesen des Toten ist das Totsein. Heißt es nicht die Augen vor dem Problem verschließen, wenn man den Lebensprozeß wie oben beschreibt, und dann das Wesen des Toten darin sieht, daß das, was den Lebensvorgängen zugrunde liegt, »weggefallen« ist, ohne sich zu gestehen, daß eben darin das Problem liegt: wohin denn im Moment des Todes das geht, was den Lebensvorgängen zugrunde liegt? – Es tut einem leid, einen so verdienten Wissenschaftler da, wo es auf mutig vorwärtsschreitendes Denken ankäme, sich in so nichtssagenden Definitionen im Kreise drehen zu sehen. Ein äußerst interessantes Buch bleibt ohne Frucht, weil ihm die Keimkraft der Idee mangelt. Die Wissenschaft vom Tode bleibt tot, und sie muß es bleiben, wenn sie ihre Erkenntnismittel nur dem Bereich des Toten entnehmen will. Will man das Wesen des Todes verstehen, so muß man zuerst begriffen haben, was das Leben ist. Das Zeitalter vor dem Beginn der Naturwissenschaft sah in dieser Beziehung keine Schwierigkeit. Paracelsus und van Helmont sprachen noch vom »Archäus«, und meinten damit das Leben in seiner Eigengesetzlichkeit. Doch die Art, wie sie davon sprechen, zeigt, daß sie den Archäus noch wie einen Gegenstand der – übersinnlichen – Wahrnehmung behandeln. Wenn dagegen in späterer Zeit die »Vitalisten« von »Lebenskraft« sprechen, vom »spiritus vitalis«, »Äther« usw., so tun sie es aus einer ganz anderen geistigen Situation heraus. Sie kennen nämlich das von ihnen gemeinte Lebensprinzip nicht mehr als Ergebnis der Erfahrung, sondern sie erschließen es durch das Denken. Sie machen sich dabei aber nicht bewußt, daß sie an einer Erkenntnisgrenze stehen, an der sie sich entscheiden müssen, welcher Art von Wirklichkeit sie die »Lebenskraft« zuordnen wollen.

Viele der Vitalisten begehen den Fehler, daß sie in naiver Art das Lebensprinzip in Analogie mit der menschlichen Seele denken. Ernst Georg Stahl z. B. sieht in der Seele, der »anima«, die Ursache des Lebens. Richtige Beobachtungen über die Wirkung der Affekte auf die Blutbewegung ließen ihn vermuten, daß auch die Krankheiten durch unzweckmäßiges Verhalten der Seele hervorgerufen werden, wofür ja auch mancherlei Beweise beigebracht werden können. Entschieden zu weit ging aber Stahl, wenn er nun auch die Lebenserscheinungen als solche der anima zuschrieb. Er verwischte damit in unzulässiger Weise die Grenze zwischen biologischem und seelischem Geschehen. F. C. Medicus dagegen erkannte diese Grenze deutlich. In seinem Vortrag *Von der Lebenskraft* (1774) stellt er klar heraus, daß die Seele sich im Denken und Wollen erlebt und dadurch die Ermüdung des Leibes hervorruft, während alle Funktionen, die er dem Einfluß der Lebenskraft auf den Körper zuschreibt, wie Herztätigkeit, Aufbau und Wiederherstellung der Leiblichkeit usw., ganz ohne Anteil des Bewußtseins geschehen. Sehr richtig betont er den Unterschied zwischen Seele und Lebenskraft, der darin liegt, daß die Seele ihre Fähigkeiten nach und nach entwickelt, und daß dies nicht wie ein Naturprozeß von selbst geschieht, sondern nur, wenn man seine »Denkungskraft« anwendet. Das Gebiet der Lebenskraft dagegen ist dem Eingriff des menschlichen Willens entzogen: »Ohne seinen Willen geht das tierische Leben immer seinen steten und unverdrossenen Gang fort und der Mensch ist hierin ein gänzlicher Sklave, der außer einer frevelhaften Zerstörung nichts über sich vermag.«

Diese klaren Richtlinien wurden aber leider von den folgenden Vitalisten nicht eingehalten. Bei ihnen muß man fast durchweg bemerken, daß sie das Gebiet der Seele und das des Lebens nicht klar zu sondern wissen, oder daß sie sich in abstrakten Spekulationen ergehen. Sie erscheinen in dieser Beziehung wie Nachzügler der vorhergehenden Epoche, in der die Seele sich vermöge des Denkens aus dem sinnlich gegebenen Weltbild herauszusondern strebt. Es ist darum begreiflich, daß diese Denker nicht zu denjenigen gehören, die der Naturwissenschaft starke Impulse gaben. Diese gingen vielmehr gerade von den Gegnern der »Lebenskraft« aus.

Bei einer zweiten Gruppe von Vitalisten kann man eine andere Tendenz vorherrschen sehen: sie denken die Lebenskraft möglichst ähnlich den anderen Naturkräften, ja sie erklären sie gar, wie Reil, als die Eigenschaft der besonders gemischten und geformten Materie, aus der die Lebewesen bestehen. Diese Vitalisten reden zwar noch von Lebenskraft, sie denken aber eigentlich schon im Sinne des Materialismus und bereiten diesen vor.

Und man muß zugeben, wenn man sich bemüht, die Entwicklung objektiv zu betrachten, daß ein wirklicher Fortschritt nur erreicht werden konnte, wenn die Naturwissenschaft sich entschloß, einmal endgültig die Reste dieser älteren Denkungsart auszumerzen und nur das anzuerkenn, was *ihren* Erkenntnismethoden zugänglich ist, bzw. zugänglich war. Diesen Schritt taten die Materialisten des vorigen Jahrhunderts, die durchweg die Vorstellung der Lebenskraft ablehnten. Und so wenig wir uns heute auf das beschränken können, was etwa Bichat, du Bois-Reymond, Helmholtz, Virchow u. a. über das Wesen des Lebens zu sagen hatten, so müssen wir doch anerkennen, daß es historisch notwendig war, einmal auf alles metaphysische Geisteserbe der Vergangenheit zu verzichten und sich ganz ehrlich und nüchtern auf das zu beschränken, was sich der Sinnesbeobachtung darbot. In diesem Sinne kann man in den Bemühungen der Gegener des Vitalismus sogar den Versuch eines Gesundungsprozesses sehen, eine Probe aufs Exempel: werden wir mit dieser neuen Art von Denken das Rätsel des Lebens lösen – oder wird es versagen?

Der französische Physiologe Claude Bernard erlebte an diesem Problem sein Geistesschicksal. Er versuchte zunächst das Leben nur »als eine Abart der allgemeinen Naturerscheinungen« zu verstehen; aber nachdem er ein Jahrzehnt die Phänomene studiert hatte, mußte er (1878) seinen Standpunkt korrigieren und bekennen:

»Die Vorstellung, daß eine Ursache die Verkettung der Lebenserscheinungen leitet, ist zweifellos die erste, welche sich unserem Geiste aufdrängt, und sie erscheint unabweislich, wenn man die streng festgesetzte Evolution der so zahlreichen und so wohldurchdachten Reaktionen betrachtet, durch welche das Tier und die Pflanze in den Stand versetzt werden, sich zu erhalten.« »Dieser Ursache als leitende Kraft verstanden, kann man den Namen ›lebende Kraft‹ oder physiologische

Seele geben, unter der Bedingung, sie zu beschreiben und ihr keine Eigenschaften beizumessen, die ihr nicht zukommen.« Und ferner: »Die ›lebende Kraft‹, das Leben gehören der metaphysischen Welt an; ihre Formulierung ist eine Notwendigkeit des Geistes.«

Damit hat Cl. Bernard das Problem deutlich formuliert: er hat erkannt, daß es unmöglich ist, mit physikalisch-chemischen Begriffen das Leben zu verstehen, da es einer »metaphysischen Welt« angehört; daß er zwar mit seinem Denken nur bis an die *Grenze* des Problems kommen kann, dieses aber wenigstens formulieren muß.

Einen ähnlichen Werdegang durchlief der deutsche Biologe und Philosoph Hans Driesch. Auch er versuchte zunächst, der Zeitströmung folgend, das organische Geschehen von mechanistischen Gesichtspunkten aus zu verstehen. Doch bald zeigte sich ihm, vor allem auf Grund seiner eigenen biologischen Experimente, daß dies unmöglich ist. Driesch hat dann das Gesamtergebnis der experimentellen Biologie philosophisch verarbeitet und dadurch das Problem um einen wichtigen Schritt der Lösung näher gebracht.

Wie H. Poppelbaum in seinem Buch *Der Bildekräfteleib der Lebewesen* darstellt, konzentriert sich die Problematik der heutigen Biologie in den beiden Fragen nach dem *Wesen der Gestaltung* und dem der *Vererbung*.[37] Die von Roux begründete Entwicklungsmechanik versucht das Wesen des Organismus so weit in Einzelvorgänge zu zerlegen, bis diese im Sinne physikalisch-mechanisch-chemischer Gesetzlichkeit durchschaubar werden. Dieses Ziel hat sie zwar bisher nicht erreicht, aber ihr Streben geht doch in dieser Richtung. So wird der Einfluß von bestimmten Salzen auf die Gestalt von Meerestieren, der Temperatur auf die Entwicklungsgeschwindigkeit, des Lichtes auf die Wachstumsrichtung der Pflanzen usw. im Experiment erforscht, um letzten Endes die Gestalt der Lebewesen überhaupt als »Produkt raumgebundener Entwicklungsfaktoren« zu begreifen. Die Entwicklungsmechanik folgt somit immer noch dem ursprünglichen Programm von Cl. Bernard: Das Leben »als eine Abart der allgemeinen Naturerscheinungen« zu verstehen.

In analoger Art gehen die Bestrebungen der modernen

---

[37] Hermann Poppelbaum: *Der Bildekräfteleib der Lebewesen*, dessen ausgezeichneter Darstellung ich mich im folgenden anschließe und dem auch die folgenden Zitate entnommen sind. Stuttgart 1924.

Vererbungswissenschaft dahin, die Erscheinungen der Vererbung in einzelne Erbfaktoren aufzulösen, die wiederum hypothetischen stofflichen Grundlagen, den sogenannten »Genen« in den Chromosomen zugeordnet werden. Der Organismus ist für diese Auffassung das Ergebnis der summierten Wirkung materiell gedachter Erbfaktoren. Entwicklungsmechanik und Vererbungsforschung suchen also beide die Ursache der Lebensvorgänge in stofflichen Letztteilen, bzw. in Vorgängen,

»deren Wirkung den Gesetzen der unbelebten Natur unterliegt; beide setzen sich das Ziel, den Organismus als das Produkt der Wirkung dieser Letztteile und Teilvorgänge zu verstehen; beide setzen stillschweigend voraus, daß die Auffassung von Gestaltung und Vererbung als Wirkungssumme zureichend sei: die Entwicklungsmechanik betrachtet die Gestaltbildung als eine Summe von mechanisch-chemisch verständlichen Einzelprozessen, die Vererbungslehre betrachtet die Vererbung als eine Summenwirkung stofflich übertragener Einzelanlagen.«

Gegenüber diesen Bemühungen weist Poppelbaum meines Erachtens mit Recht darauf hin, daß durch solche Vorstellungen die Gesamtanschauung der behandelten Vorgänge zerstört wird. Denn die Hauptfrage der Vererbungslehre: *das Wiedererscheinen der lebendigen Gestalt* bei den Nachkommen, hat diese Wissenschaft über dem Studium der Einzelfragen aus dem Auge verloren.

Die Frage, ob ein Organismus überhaupt als Summe von Letztteilen begriffen werden kann, hat Driesch durch seine bereits vor mehr als vierzig Jahren veröffentlichten Experimente geklärt. Er teilte z. B. Seeigel-Eier während des Furchungsvorganges und erzielte aus jeder Hälfte des Eies eine ganze Larve; ja sogar Zellen des Achter- und Sechzehnerstadiums lieferten ganze Organismen.

Damit war klar erwiesen, daß der spätere Organismus in den Zellen dieser frühen Stadien nicht materiell vorgebildet sein kann, denn sonst müßten die abgetrennten Zellen Teilbildungen ergeben: die Zellen des Viererstadiums je einen Viertelorganismus, die des Achterstadiums Achtelorganismen usw. Da aber aus jeder Zelle ein ganzer Organismus entsteht, kommt nach Ansicht von Driesch in der organischen Welt eine neue Art von Kausalität zu der gewöhnlichen Kausalität der unbelebten Natur hinzu: die »Ganzheits-Kausalität«. Ihr Wesen besteht darin, »aus einem ihr gegebenen Material ein Ganzes zu erzeugen. Dieses Ganze ist vor den Teilen. Es bedient sich der Teile zu seiner Herstellung.«

Und Driesch kommt zu dem bedeutsamen Schlusse: daß hier »überhaupt keine Art von Kausalität, welche auf räumliche Konstellation begründet ist«, vorliegt.

»Das, was in der Ganzbildung seine Wirkung äußert, besitzt also selber keine räumliche Anordnung seiner Teile! Aber es ist trotzdem imstande, eine solche Anordnung, und zwar eine bestimmte, aus sich hervorgehen zu lassen! Hiermit ist er zur Anerkennung eines Wirkenden in der Natur gezwungen, das selber nicht räumlicher Art ist, aber in den Raum hineinwirkt. Ein ›unraumhafter Naturbestimmer‹, so sagt Driesch, liegt den besprochenen ganzheitszeugenden Vorgängen zugrunde.

Damit ist nicht nur für die normale Entwicklung eine Maschinentheorie unmöglich geworden, sondern auch jegliche Zurückführung der Evolution auf ein wenn auch noch so buntes Gemisch chemischer Substanzen. Denn auch ein solches Gemisch könnte niemals mehr ein Ganzes erzeugen, wenn es beliebig verkleinert, halbiert, geviertelt usw. wird. Immer wieder muß dem Gemisch etwas Tätiges verbunden gedacht werden, was nach der Störung in ihm die Ganzheit wiederherstellt. Aus sich selber kann es keine von der Gesamtmenge unabhängige Ordnung hervorgehen lassen.« (Poppelbaum)

Dieses Ganzmachende hat nun Driesch mit einem aristotelischen Ausdruck »Entelechie« genannt. Er versteht darunter die Gesamtheit der Vermögen für Formbildung, Restitution und Anpassung, das Vermögen, die nächste und alle folgenden Generationen zu produzieren usw. Die Frage nach dem eigentlichen Wesen der Entelechie weist aber Driesch ab: »Man kann sich über die Entelechie durchaus gar nichts in einer bildartigen Weise vorstellen; das Nichträumliche läßt sich niemals durch räumliche Bilder vorstellen.«

Man sollte nun erwarten, daß Driesch offen zugeben würde, daß hier eine Grenze für das menschliche Erkenntnisvermögen liegt und daß er die Frage aufwerfen würde, ob es Methoden gibt, diese Grenzen zu überschreiten.

Doch offenbar scheut sich Driesch, diese Konsequenz zu ziehen, denn er antwortet auf die Frage, woher die Entelechie alle die Eigenschaften habe: »Sie hat sie, weil wir sie ihr im Sinne erweiterter Wirklichkeit geben, und wir geben sie ihr, weil wir sie ihr geben müssen. Wir müssen sie ihr geben, weil die sonst vorhandene Unverständlichkeit gewisser Reihen organischer Phänomene uns dazu zwingt...« »Alles Unverständliche,

z. B. das Logische und die Erfahrung bei Handlungen, das Harmoniebewahren in der Formbildung, verlegen wir in konstruierte Naturfaktoren, um es aus ihnen zu begreifen; nun erklärt der Naturfaktor, im besonderen die Naturkonstante das vorher Unverständliche.«

## *Die Biologie an der Erkenntnisgrenze*

Die skizzierten, auf das Problem des Lebens gerichteten Gedankengänge lassen ein seelisches Phänomen erkennen, dessen allgemeine Nichtbewußtmachung, wie mir scheint, auf einer unausgesprochenen Übereinkunft unter den Denkern der Gegenwart beruht: die *Furcht vor der Anerkennung einer sinnlich nicht faßbaren Wirklichkeit – die Furcht vor dem Grenzerlebnis.*

Driesch zieht es vor, das Erkenntnisergebnis seiner Lebensarbeit durch die Erfindung eines »konstruierten Naturfaktors« zu entwerten – obgleich er weiß, daß er sich damit dem Verdacht einer »offenbaren Selbsttäuschung«, wie er selbst sagt, aussetzt –, als die Konsequenz zu ziehen, daß hier ein Erkenntnisschritt in ein neues Gebiet gewagt werden muß.

Auch bei Korschelt, um nur dieses eine Beispiel noch zu erwähnen, treffen wir auf dieselbe Tendenz. Denn allein die Merkmale des Organischen, die er in der eingangs zitierten Definition anführt, würden durchaus genügen, um bei konsequentem Denken zu einer Erkenntnis vom Wesen des Lebens zu kommen. Korschelt durchschaut ganz klar, daß Form und Struktur, physikalische und chemische Vorgänge nicht das Wesen des Organismus ausmachen, sondern daß dieses in dem Zusammenwirken aller seiner Teile begründet ist, daß der Organismus als Ganzes sich in dem ständigen Wechsel der Stoffe erhält usw.

Er müßte deswegen eigentlich die Konsequenz ziehen: was die Teile zusammenhält und zu einem Ganzen macht, kann nicht denselben Erkenntnismitteln zugänglich sein wie diese Teile, die mit den Sinnesorganen wahrgenommen werden. Und da der Organismus den Teilen übergeordnet ist, so muß sein Wesen in einer gegenüber der Sinnenwelt übergeordneten Wirklichkeit liegen; es muß also im »Übersinnlichen« gesucht werden. Und dies ist der Schritt, vor dem auch Korschelt zurückschreckt; auch er unterliegt der Furcht vor dem Grenzerlebnis.

Es braucht kaum gesagt zu werden, daß ich mit dieser Charakterisierung die großen Verdienste dieser Wissenschaftler sowie die der Entwicklungs- und Vererbungsforscher keineswegs herabsetzen möchte. Die Tendenz, der Driesch und Korschelt unterliegen, ist eine allgemein verbreitete, und wohl keiner kann sich ihr ganz entziehen. Kaum glaubt man sie erkannt und in einem Punkte überwunden zu haben, so muß man im nächsten Augenblick bemerken, daß man ihr auf einem anderen Gebiet bereits wieder verfallen ist.

Noch eine andere, zunächst entgegengesetzt erscheinende Tendenz kann man in der heutigen Zeit beobachten: das Bestreben, die Grenzen zwischen den Begriffen zu verwischen.

Jeder gesund empfindende Mensch kann z. B. begreifen, daß Mineral, Pflanze, Tier und Mensch stufenweise von einander unterschiedene Wesen sind. Die Pflanze hat das Mineral in sich, aber sie hebt es in den Bereich des Lebens hinauf; das Tier hat einen belebten Organismus, aber dieser ist durchseelt und auf die Durchseelung hin organisiert; der Mensch hat über das alles hinaus aber noch die Fähigkeit, sich selbst durch das Denken von der Welt abzusondern und sich als Ich zu erleben, so wie andererseits sich denkend in alle Dinge der Welt zu verwandeln, d. h. sie zu verstehen. Die Pflanze hat Leben, das Tier hat Seele, der Mensch hat Geist; jede höhere Stufe trägt die niedere verwandelt in sich.

Diese Stufenbegriffe Leib, Leben, Seele und Geist gehören, wie mir scheint, zum ältesten Erkenntnisgut der Menschheit, und sie werden gewiß aus dem Kampf mit moderneren, aber weniger exakten Begriffen siegreich hervorgehen. Um so merkwürdiger berührt es einen, wenn man nun die Beobachtung macht: die Entwicklung der Menschheit hat im Laufe der Zeit dazu geführt, daß die Grenzen dieser Begriffe verwischt wurden.

Dieses Phänomen läßt sich schon ziemlich weit zurückverfolgen[38]. Während Paulus z. B. noch mit aller Schärfe den Unterschied zwischen Pneuma, Geist, und Psyche, Seele, betont, geht die Unterscheidungsfähigkeit in dieser Beziehung bereits in den ersten christlichen Jahrhunderten verloren, und schon im Jahre 869 stellt das Konzil zu Konstantinopel fest, daß dieser Unter-

---

[38] Vgl. den Abschnitt »Griechenland«, S. 46

schied nicht aufrechtzuerhalten sei: die Seele habe nur geistige Eigenschaften. Rudolf Steiner hat oft auf die Bedeutung dieses Konzils für die Bewußtseinsentwicklung hingewiesen.

Geradezu eine Begeisterung für das Verwischen der Grenzen zwischen den Naturreichen herrscht aber in der neueren Naturwissenschaft; jedes Lehrbuch der Biologie, Botanik oder Zoologie wird es bestätigen. Chemiker und Biologen vereinigen ihre Bemühungen, um den Unterschied zwischen der belebten und unbelebten Welt als unwesentlich zu erweisen. Man bildet z.B. den Begriff der »wachsenden Kristalle«, obwohl es eine offensichtliche Willkür ist, den Begriff Wachstum hier anzuwenden, da es sich lediglich um ein Größerwerden eines leblosen Körpers durch Stoffanlagerung, nicht aber um Wachstum und Entwicklung eines lebendigen Organismus auf Grund von Stoffwechsel handelt.

Und wie nachdrücklich wird immer wieder hervorgehoben, daß man gewisse niedere Lebewesen, Bakterien und Spaltpilze, mit dem gleichen Recht dem Pflanzen- wie dem Tierreich zuordnen kann. Ganz zu schweigen von der geradezu ekstatischen Begeisterung, welche die Bemühungen der modernen Entwicklungslehre, den Menschen an das Tierreich anzugliedern, ausgelöst hat.

Besonders erfolgreich in bezug auf die Verwischung der Grenzen waren die Forschungen des jüngst verstorbenen Inders J. G. Bose, der bekanntlich viele Versuche über die Reizbarkeit der Pflanzen angestellt hat und die Auffassung vertritt, daß die Pflanzen ein »Nervensystem« haben. Doch damit nicht genug: er experimentierte auch mit Metallstäben und fand, daß mechanische oder chemische Reize in diesen Aktionsströme erzeugen, »deren Stärke, am Galvanometer gemessen, in keiner Weise derjenigen nachsteht, die auf die gleichen Reize bei lebenden Körpern hervorgerufen werden. Diese Metallstäbe zeigen auf fortwährende Reizungen Erscheinungen von Ermüdung. Die Reaktion kann durch gewisse chemische Substanzen verstärkt, durch andere abgeschwächt werden; Gifte können die Reaktion völlig unterdrücken. ›Wie wollen wir‹, schließt Bose seinen Vortrag in der Royal Institution (1901), ›angesichts solcher Phänomene eine Grenzlinie ziehen und sagen: hier ist das Physikalische zu Ende und das Physiologische beginnt? Solche absoluten Grenzen gibt es nicht.‹«[39] Gewiß sind dies interessante Phänomene – aber

[39] Zitiert nach Jaquet: *Wissen und Glauben*.

besagen sie wirklich das, was Bose aus ihnen herausliest? Daß ein lebender Körper und ein Metall auf gewisse Einwirkungen mit elektrischen Strömungen reagieren beweist keineswegs, daß dabei auch die gleichen inneren – physiologischen und seelischen – Vorgänge stattfinden.

Aber dieser elementare Denkfehler wird von Bose dauernd begangen; so wenn er die Tatsache, daß die Metallstäbe nach wiederholter Reizung nicht mehr so gut reagieren, als »Ermüdung« deutet. Denn Ermüdung ist ein biologischer Begriff und darf zweifellos nur angewandt werden, wenn der Zustand von Verbrauchtsein von dem betreffenden Wesen als Minderung an Spannkraft und Leistungsfähigkeit *innerlich erlebt wird;* das geschieht aber unseres Wissens nur bei beseelten, mit einem Nervensystem begabten Wesen.

Genau in demselben Stile verfährt der Biologe Verworn, der auch der anorganischen Materie »Irritabilität«, also Reizbarkeit, zuschreibt und als Beweis – das Dynamit anführt, das auf einen inadaequaten Reiz explodiert! – Seine Definition von Irritabilität, nämlich die »Fähigkeit eines Körpers, auf äußere Einwirkungen mit irgendeiner Veränderung seines Zustandes zu reagieren – wobei die Größe der Reaktion zu der Größe der Einwirkung in keinem bestimmten Verhältnis steht« – ermöglicht ihm allerdings eine solche unsinnige Anwendung dieses Begriffes; sie paßt aber auch genau so gut für eine Mausefalle. Doch die muß man nach Verworns Methode vielleicht schon sowieso zu den Haustieren rechnen.

Wir mußten auf diese Tendenz zum Verwischen der Grenzen etwas näher eingehen, weil darin eine andere Unterströmung in der heutigen Naturwissenschaft zum Ausdruck kommt. Daß es Phänomene in der Natur gibt, die man mit Recht als Übergangserscheinungen empfinden kann, soll natürlich nicht bestritten werden. Auffallend ist nur die ihnen beigemessene Überbewertung, während sie doch in Wirklichkeit auf eine so schmale Zone beschränkt sind, daß sie gegenüber den deutlichen und prinzipiellen Unterschieden zwischen den Naturreichen nicht die Rolle spielen dürften, die man ihnen zubilligt.

Um zu erkennen, was in dieser Begeisterung für das Verwischen der Grenzen als Unterströmung in den Seelen zum Ausdruck kommt, muß man sich vergegenwärtigen, welch eine Veränderung mit dem Weltbild durch diese Grenzverwischung geschieht: es entsteht dadurch der *Schein einer großen Einheit* in der Natur. Doch diese Einheit ist eben nur scheinbar, da sie durch Verzicht auf die exakte Erkenntnis der Wirklichkeit erkauft ist. Gewiß ist eine Einheit in der Natur zu finden, aber sie muß nicht nur *trotz* aller Unterschiede der Wesen und Reiche gefunden werden, sondern sie wird überhaupt nur dann gefunden werden können, wenn das Denken sich bequemt, sowohl die ungeheure Mannigfaltigkeit der Natur sich ideell zu erarbeiten, wie auch die Grenzen der verschiedenen Wesensbereiche anzuerkennen. Man hat den Eindruck, daß diesem Grenzverwischen ein etwas unklares, mehr gefühlsmäßiges Streben zum Erfassen der Einheit in der Natur zugrunde liegt, die diese Denker aber in der Wahrnehmungswelt anstatt im Ideellen finden möchten. Sie sind naive Realisten mit unbewußt-religiösen Bedürfnissen.

In gewisser Weise liegt hier also eine zu dem oben geschilderten Furchtphänomen entgegengesetzte Erscheinung vor. Aber während die dort charakterisierten Forscher vor der Anerkennung einer übersinnlichen Wirklichkeit zurückschrecken und sich an die materiellen Teile halten, erschleichen sich *diese* das berauschende Erlebnis der Einheit in der Wahrnehmungswelt durch Ungenauigkeiten in der Begriffsanwendung, oder durch tendenziöse Betonung von Einzelheiten und die dadurch bewirkte Grenzverwischung. Letzten Endes ist auch bei diesen Forschern eine unterbewußte Furcht vor dem Grenzerlebnis die treibende Kraft in der Tendenz zum Verwischen der Grenzen. Beide Richtungen aber verschließen sich den Weg zum Erfassen der *vollen* Wirklichkeit, weil sie nur eine Seite derselben, die der Sinneswahrnehmung zugängliche, als die einzig wirkliche empfinden.

Es schien mit notwendig, sich einmal darüber klarzuwerden, daß die Gründe für diese wissenschaftlichen Strömungen nicht in der Welt der objektiven Tatsachen, sondern im wesentlichen in unbewußt wirkenden *seelischen* Tendenzen liegen. Beide Strömungen beruhen letzten Endes auf einer materialistischen Grundstimmung. Und es ist ganz konsequent, daß diese – wie immer, wo sie herrscht – dazu führt, daß die Seele sich entweder in Furcht vor der geistigen Wirklichkeit verschließt, oder in Sentimentalität sich an einer Pseudo-Geistigkeit berauscht.

Beide Strömungen stehen – ohne daß ihre Träger sich darüber klar sind – einer zur geistigen Wirklichkeit vordringen wollenden Erkenntnis hindernd im Wege. Dies macht sich besonders beim Problem des Todes gegenüber bemerkbar.

## Kann die Erkenntnisgrenze überschritten werden?

Die moderne Naturwissenschaft verfügt über eine Fülle von Beobachtungen, die an sich eine ausgezeichnete Grundlage für eine bis ins Geistige vordringende Natur- und Menschenerkenntnis bilden könnten, wenn man den Mut hätte, die Existenz der Erkenntnisgrenzen anzuerkennen und die Konsequenz daraus zu ziehen.

Von Mut spricht man heute zwar nur dann, wenn er sich in den Gefahren der äußeren Welt erweisen kann; von einem »mutigen Denker« zu sprechen ist kaum noch üblich. Frühere Zeiten dagegen wußten, daß es im Erkenntnisprozeß ebenso auf, allerdings ganz innerlichen, Mut ankommt, wenn man eine höhere Stufe der Erkenntnis ersteigen will, wie es Mut erfordert, in Sport oder Kampf sein Leben einzusetzen.

Denn: ist nicht Mut das innere Lebenselement jedes Erfinders, jedes Entdeckers? – Muß er sich doch der Tragkraft des Denkens anvertrauen, wenn er sein Ziel erreichen will. Nur die leichte Brücke des Gedankens führt in neues Land. Dieser Mut ist nicht erforderlich, wenn es sich darum handelt, einem Gedankengang zu folgen, dessen einzelne Elemente in der Wahrnehmungswelt gegeben sind: etwa eine Rechnung auszuführen, einen wissenschaftlichen Versuch zu beurteilen, oder die Erscheinungen des Lebens unter dem Mikroskop zu beschreiben. Hier kann das Denken sich in jedem Augenblick auf die sinnlich gegebene Wahrnehmungswelt stützen. Und diese Art des Denkens ist es, die seit dem Heraufkommen der Naturwissenschaft nach und nach die einzig übliche geworden ist. Das Denken trägt den Denker nicht mehr, sondern kann nur noch die äußere Welt nachbilden. Es ist so tief in die sinnliche Erscheinungswelt eingetaucht, daß es seine Eigenschwingung verloren hat. Frühere Zeiten aber kannten noch – und die Scholastik übte es ganz bewußt – das innerlich frei sich bewegende Denken. Jedoch wir wissen auch, in wie einseitiger Weise dieses Denken ausgebildet wurde und in welchem Maße es der Gefahr der Spekulation unterlag. Gerade angesichts dieser Tatsachen wird einem bewußt, welch große Aufgabe die Naturwissenschaft für die Herausbildung eines streng methodischen Denkens hatte und erfüllt hat.

Wenn aber das Wesen des Lebens begriffen werden soll, kann die heutige Art des wahrnehmungsgebundenen Denkens nicht zum Ziele führen. Einzelheiten der Lebensvorgänge sind schon zu Tausenden gefunden und werden weiterhin gefunden werden. Das Rätsel des Lebens selber kann auf diesem Wege niemals gelöst werden, weil wir auf dem Felde der sinnlichen Beobachtung immer nur die Offenbarung des Lebens antreffen.

Die Naturwissenschaft kommt zu der Erkenntnis, daß das Wesen des Lebens nicht in der Vielheit der Erscheinungen, sondern in der Ganzheit seines Wirkens besteht. Wollen wir aber die Vielfältigkeit des Organismus als Ganzheit denken, so führt das an die Grenze des wahrnehmungsgebundenen Denkens (denn die Ganzheit ist nicht sinnlich wahrnehmbar) und man kann bemerken, daß ein inneres Furchterlebnis auftritt: wir fürchten immer, die Mannigfaltigkeit zu verlieren, wenn wir die Ganzheit denken wollen.

Das Denken der Ganzheit erfordert vom Denker ein Sichlosreißen von der sinnfällig gegebenen Mannigfaltigkeit, eine innere Konzentration der Gedankenkräfte, die ähnlich ist dem Sichzusammenraffen, das wir meinen, wenn wir im äußeren Leben von Mut sprechen. So wie ein Mensch im Moment der Gefahr alle Kräfte anspannt, um einen Abgrund zu überspringen, so muß der Denker an der Erkenntnisgrenze sein ganzes Wesen konzentrieren und den Mut haben, die Einsamkeit, in der er sich dann erlebt, zu ertragen. Denn wahrscheinlich wird er nicht unmittelbar Antworten auf seine Fragen erhalten; ja vielleicht wird er sich wie völlig von allen Weltenzusammenhängen abgeschnitten empfinden.

Aber wenn er sich durch das Erlebnis der Einsamkeit nicht abschrecken läßt, das Üben des Denkens an den Grenzproblemen der Naturwissenschaft immer wieder aufzunehmen, dann wird er bemerken, daß er durch das Anstoßen an der Erkenntnisgrenze zunächst zu einem Selbsterlebnis kommt: er erlebt sich als »Ganzheit«, die unabhängig ist von allem, was in der sinnlich wahrgenommenen Welt um ihn herum existiert. Der Begriff der Ganzheit, an den er bisher nur wie von außen angestoßen ist, indem er die Lebenserscheinungen der Natur denkerisch zu ergründen versuchte, wird jetzt zum Selbsterlebnis. Der Denker schreitet vom Denken des Begriffs zum Erleben des Begriffs vor. Und er kann nunmehr erkennen: erst der erlebte Begriff der Ganzheit kann das Leben wirklich begreifen!

Nur muß man sich darüber klar sein, daß das »Erleben des Begriffes« nicht in dem Sinne ein passives Erleben ist, wie alles, was wir durch die Sinnesorgane aufnehmen; sondern es ist nichts anderes als die innere Wahrnehmung des Ergebnisses unserer eigenen Tätigkeit: wir haben durch das denkerische Stillhalten an der Erkenntnisgrenze unser Denken verstärkt, es hat seine Eigenschwingungen wiederbekommen, und wir nehmen es jetzt als lebende Ganzheit wahr. Wir sind durch die Belebung des Gedankens auf das Lebenselement in uns gestoßen. Wir wissen jetzt durch Selbstwahrnehmung, was Leben ist, und wir wissen zu gleicher Zeit, daß unsere Gedanken im Grunde genommen »Leben« sind. Dies wird uns nur deswegen im alltäglichen Denken nicht bewußt, weil dieses im Abbilden der äußeren Welt seine »Eigenschwingung« verliert. Erst durch die übende Verstärkung des Denkens an der Erkenntnisgrenze wird es sich seines eigenen Wesens bewußt. Man kann dann wissen: durch die abbildende Funktion verliert das Denken an Bewußtheit und nähert sich dem Bewußtseinsgrade des Träumens; durch die übende Verstärkung erreicht es einen höheren Grad von Wachheit. Es wird zu gleicher Zeit innerlich lebendiger und geht von dem bloß passiven Nachbilden der Wahrnehmungswelt über zu einem aktiven Ergreifen der ideellen Zusammenhänge[40].

In diesem Sinne ist es gemeint, wenn wir sagen, daß es Erkenntnismut erfordert, die Lösung des Lebensrätsels auf dem Wege der Steigerung der Erkenntniskräfte zu suchen, und daß ein Furchtphänomen vorliegt, wenn man sich bei der Begriffsbildung nicht von der Sinnenwelt losreißen will. So ist es im Grunde ein Furchtphänomen, wenn die Naturwissenschaft das Wesen des Organismus aus einer Summe von Genen oder anderen materiellen Faktoren konstruieren will; sie hat nicht den Mut, den Schritt ins Gebiet der Idee zu machen.

Goethe hat diesen Schritt getan, wenn auch zunächst in erkenntnistheoretischer Unbewußtheit. Seine Idee der »Urpflanze« ist nichts anderes als der ins Gebiet des Lebens selber erhobene Begriff der Pflanze. Indem er die Idee der »Urpflanze« ausgestaltete, vollführte er nicht nur im Denken, sondern mit seiner »lebenden Ganzheit« denselben Prozeß, den die Pflanze im Materiellen durchmacht.

In gewisser Weise trifft dies für jeden Erkenntnisvorgang zu.

---

[40] Was ich hier kurz und in mehr bildhafter Weise anzudeuten versuchte, ist von Rudolf Steiner in seiner *Philosophie der Freiheit* in rein philosophischer Form dargestellt worden. Dieses Buch ist zugleich eine Schule im Üben des »sinnlichkeitsfreien« Denkens.

Wenn wir uns auf ein Problem »konzentrieren«, so vollführen wir wirklich einen Konzentrationsprozeß in unserem übersinnlichen Wesen. Wir stellen dadurch in uns den entsprechenden Zustand her, den die Pflanze in der Samenbildung vollführt, in dem sie ihr ganzes Wesen in einem Minimum von Stofflichkeit konzentriert. Und wenn wir dann aus dem Konzentrationsprozeß Gedanken nach Gedanken hervorgehen lassen, bis schließlich der Zielgedanke als Blüte sich ergibt, so sind das wirklich wiederum nicht bloß im allegorischen Sinne, sondern wirklich dem Pflanzenwachstum entsprechende Vorgänge in unserer »lebenden Ganzheit«.

Und wiederum: mit unserer lebenden Ganzheit können wir innerlich alle Erscheinungen der Welt in mehr oder weniger vollkommener Weise nachbilden, indem wir uns gewissermaßen in sie verwandeln. Wie Goethe in seinem Inneren aus der »Urpflanze« die Gestalten aller wirklichen Pflanzen hervorgehen ließ und sie erst so begriff, so kann der Mensch überhaupt nur das wirklich begreifen, was er in dieser Weise innerlich nachgebildet hat.

In seiner eigenen Organisation besitzt der Mensch den Schlüssel zum Verständnis der Natur. Wäre er nicht ein Mikrokosmos – er könnte den Makrokosmos nicht begreifen:

»Müsset im Naturbetrachten
Immer eins wie alles achten;
Nichts ist drinnen, nichts ist draußen,
Denn was innen, das ist außen.
So ergreifet ohne Säumnis
Heilig öffentlich Geheimnis.«
      Goethe


Wer sich so von den Grenzfragen der Naturwissenschaft bis zu der Erkenntnis durchgearbeitet hat, daß das Wesen des Lebens im Übersinnlichen liegt und daß auch der Begriff der Ganzheit nur einen Sinn hat, wenn man ihn übersinnlich-real nimmt, der wird mit Interesse die Mitteilungen Rudolf Steiners über seine Forschungsresultate auf diesem Gebiet entgegennehmen; und er wird dann finden, daß er, wenn er den Begriff der »Ganzheit« zum Erlebnis erhoben hat, eigentlich auch schon begriffen hat, was Rudolf Steiner mit dem »Ätherleib« oder »Bildekräfteleib« meint. – Im folgenden wird sich noch ergeben, daß der hier eingeschlagene Weg nur einer unter vielen möglichen ist.

Sie sind in den systematischen Büchern Rudolf Steiners, z. B. in *Theosophie, Geheimwissenschaft* und *Wie erlangt man Erkenntnisse der höheren Welten* dargestellt.

Es erschien mir aber methodisch notwendig, im Zusammenhang mit dem Problem des Todes den Versuch zu machen, an den Erscheinungen des biologischen Gebietes selber die Notwendigkeit geisteswissenschaftlicher Begriffe zu erweisen. Denn Rudolf Steiner selbst hat immer wieder darauf hingewiesen, daß es keinen besseren Ausgangspunkt für das Erringen übersinnlicher Erkenntnisse geben könne als das Staunen an der Erkenntnisgrenze. Und ein fundamentaler Irrtum ist es, wenn man meint, er habe den Wert der naturwissenschaftlichen Methoden verkannt, oder er sei gar als weltfremder Träumer seinen mystischen Neigungen gefolgt. Nichts wäre falscher als das, denn es gab in Wirklichkeit keinen verständnisvolleren Schätzer der Naturwissenschaft als ihn. Und das ist auch der Grund, weswegen er es ablehnte, seine auf geisteswissenschaftlichem Wege erworbene Anschauung und Erkenntnis des »Ätherleibes« mit dem zu identifizieren, was die Vitalisten in oftmals leichtfertiger Weise als »Lebenskraft« bezeichnen. Denn ein bequemes Ausweichen in Abstraktionen konnte er nicht als Resultat der Naturwissenschaft anerkennen – dafür war sie ihm zu schade; nur das Ergebnis einer exakten Geistesforschung hielt er für würdig, Fortsetung und Krönung der ehrlichen Bemühungen der Naturwissenschaft zu bilden.


Doch die Wege, die Rudolf Steiner zur Erkenntnis der übersinnlichen Welt wies, sind mannigfaltig. Jeder menschlichen Eigenart ist dabei Rechnung getragen, soweit überhaupt Erkenntnis angestrebt wird. Und ganz gewiß wäre es für viele Menschen unmöglich, das Wesen des Lebens zu verstehen, wenn dafür die Kenntnis der modernen Biologie eine notwendige Voraussetzung bildete. Vielmehr: jeder naive, d. h. gesund empfindende Mensch, jeder Bauer oder Handwerker, kann aus dem, was die alltägliche Beobachtung bietet, diejenigen Erkenntnisse gewinnen, deren er bedarf, um zu einem wirklichen Verständnis des Lebens zu kommen. Er kann verstehen, was Rudolf Steiner mit dem »Ätherleib« meint, wenn er, nach dessen Anweisung, sich den Unterschied des lebendigen Leibes und eines Leichnams immer wieder übend vergegenwärtigt. Diese beiden Bilder vermitteln ein Differenzerlebnis, aus dem sich zunächst ein mehr fühlendes Wissen vom Wesen des Lebens als Ganzheit ergibt, das bei immer erneuter Wiederholung der Übung schließlich zu vollem Erkennen führen kann. An solchen deutlichen Differenzerlebnissen hat sich das naive Bewußtsein zu allen Zeiten orientiert und sich davon zu richtigen, wenn auch nicht immer klaren Begriffen leiten lassen. Und die Naturwissenschaft hat auf diesem Gebiet, wie auch auf anderen, zwar zur Erkenntnis unendlich vieler neuer Einzelheiten geführt, doch in demselben Maße gerade dadurch den Blick für das Ganze und Wesentliche getrübt.

Rudolf Steiners »Geisteswissenschaft« erhebt den Anspruch, das Gebiet jenseits der Sinnesgrenzen ebenso exakt erforschen zu können, wie dies die Naturwissenschaft im Gebiet der Sinneswelt tut. Die Methoden dazu werden genau angegeben, so daß es jedem, der sich ein Urteil bilden will, freisteht, selber den Forschungsweg zu beschreiten. Daß das Staunen an der Erkenntnisgrenze nur der erste Schritt auf diesem Wege ist, dem viele weitere und schwerere folgen müssen, ehe man von »Geistesforschung« sprechen kann, braucht kaum betont zu werden.

Aber auch für den, der nicht unmittelbar den Forschungsweg beschreiten, sich aber doch ein Urteil über den Wert dieser Forschung bilden will, könnte der Inhalt derselben von Interesse sein, wenn sich von der dort geschilderten geistigen Wirklichkeit aus eine Beziehung zu der uns bekannten Wahrnehmungswelt finden ließe.

Voraussetzung für die Herstellung einer solchen Beziehung ist, daß in diesen Schilderungen einer geistigen Wirklichkeit dasselbe logische Denken angewandt wird, das wir der Wahrnehmungswelt gegenüber zu gebrauchen gewohnt sind. Diese Voraussetzung ist bei Steiner erfüllt. Die Überzeugung von der Wahrheit seiner Angaben muß sich allerdings jeder einzelne durch eigene Arbeit erwerben.

Nach zwei Richtungen hin kann diese Arbeit gehen: nach innen und nach außen. Die innere Arbeit hat zum Ziel, die eigene Seele zu einem besseren Erkenntnisinstrument zu machen, wie dies durch die Verstärkung des Denkens und andere Übungen geschieht; die andere Möglichkeit besteht in der Prüfung der geisteswissenschaftlichen Mitteilungen an den Erscheinungen der uns gegebenen Außenwelt.

Auch auf dem zuletzt genannten Wege kann man zu einem »Ganzheitserlebnis« kommen: wo man vorher nur Einzelheiten in der Natur sah, erkennt und überschaut man immer mehr das Ganze. Und gerade auf diesem Wege zeigt sich, daß es nicht vergebliche Mühe war, wenn man zunächst die Einzelheiten der Natur kennengelernt hat. Denn je intensiver man sich in diese vertieft, je stärker man an ihnen die Grenzerlebnisse durchgemacht hat, um so reicher und lichtvoller wird auch das Erleben der Natur als »Ganzheit« sein. Was die oben charakterisierte Richtung in der Naturwissenschaft durch Verwischung der Grenzen zwischen den Naturreichen sich erschleichen will, wird sich auf *diesem* Wege als ein voll berechtigtes und der exakten Prüfung standhaltendes Erkenntnisresultat ergeben.

Bevor wir nun den Erkenntniswert des Begriffes »Ätherleib« untersuchen, seien einige Stellen angeführt, in denen Rudolf Steiner schildert, was sich seiner Erkenntnis als »Ätherleib« darstellt. Es ist dabei zu berücksichtigen, daß die Verschiedenartigkeit der Schilderungen mit den verschiedenen Ausgangspunkten in den betreffenden Werken zusammenhängt. So spricht Steiner in dem Buch *Theosophie* vom Ätherleib als der »lebenerfüllten Geistgestalt«:

»Für den Erforscher des geistigen Lebens stellt sich diese Sache in der folgenden Art dar. Ihm ist der Ätherleib nicht etwa bloß ein Ergebnis der Stoffe und Kräfte des physischen Leibes, sondern eine selbständige, wirkliche Wesenheit, welche die genannten physischen Stoffe und Kräfte erst zum Leben aufruft. Im Sinne der Geisteswissenschaft spricht man, wenn man sagt: ein bloßer physischer Körper hat seine Gestalt – z. B. ein Kristall – durch die dem Leblosen innewohnenden physischen Gestaltungskräfte; ein lebendiger Körper hat seine Form *nicht* durch *diese* Kräfte, denn in dem Augenblick, wo das Leben aus ihm gewichen ist und er *nur* den physischen Kräften überlassen ist, zerfällt er. Der Lebensleib[41] ist eine Wesenheit, durch welche in jedem Augenblick während des Lebens der physische Leib vor dem Zerfalle bewahrt wird. Um diesen Lebensleib zu *sehen*, ihn an einem andern Wesen wahrzunehmen, braucht man eben das erweckte *geistige* Auge. Ohne dieses kann man aus logischen Gründen seine Existenz annehmen; *schauen* kann man ihn aber mit dem geistigen Auge, wie man die Farbe mit dem physischen Auge schaut. – Man sollte sich an dem Ausdruck »Ätherleib« nicht stoßen. »Äther« bezeichnet hier etwas anderes als den hypothetischen Äther der Physik. Man nehme die Sache einfach als Bezeichnung für das hin, was hier beschrieben wird. Und wie der physische Menschenleib in seinem Bau ein Abbild seiner Aufgabe ist, so ist es auch des Menschen Ätherleib. Man versteht auch diesen nur, wenn man ihn im Hinblick auf den denkenden Geist

---

[41] »Lebensleib« ist mit »Ätherleib« gleichbedeutend gebraucht.

betrachtet. Durch seine Hinordnung auf den denkenden Geist unterscheidet sich der Ätherleib des Menschen von demjenigen der Pflanzen und Tiere.«

In der »Geheimwissenschaft« wird diese Schilderung ergänzt:

»... Vorläufig mag es genügen, wenn gesagt wird, daß der Ätherleib den physischen Körper überall durchsetzt und daß er wie eine Art Architekt des letzteren anzusehen ist. Alle Organe werden in ihrer Form und Gestalt durch die Strömungen und Bewegungen des Ätherleibes gehalten. Dem physischen Herzen liegt ein »Ätherherz« zugrunde, dem physischen Gehirn ein »Äthergehirn« usw. Es ist eben der Ätherleib in sich gegliedert wie der physische, nur komplizierter, und es ist in ihm alles in lebendigem Durcheinanderfließen, wo im physischen Leibe abgesonderte Teile vorhanden sind.

Diesen Ätherleib hat nun der Mensch so mit dem Pflanzlichen gemein, wie er den physischen Leib mit dem Mineralischen gemein hat. Alles Lebendige hat seinen Ätherleib.«

Der Begriff »Ätherleib« ist, wie schon die Schilderung zeigt, bei Steiner nicht auf intellektuellem Wege erschlossen, sondern stellt die begriffliche Einkleidung einer übersinnlichen Wahrnehmung dar. Er umfaßt als Begriff die Erscheinungen, die der Biologe der »Ganzheit« zuschreibt. Die Darstellung Steiners geht aber über die der Biologie hinaus. Denn der Begriff der »Ganzheit« wird im allgemeinen doch als eine Abstraktion gebraucht, während die eigentliche Wirklichkeit in den physischen Stoffen gesehen wird. Steiner dagegen stellt mit dem Begriff des Ätherleibes das Leben als eine übersinnliche *Wirklichkeit* dar, die gegenüber der Welt der physischen Stoffe selbständig, ja ihr übergeordnet ist. Und zwar nicht als eine allgemeine Naturkraft, wie es etwa der Magnetismus ist, sondern als ein konkretes, an der Pflanze, dem Tier, dem Menschen in besonderer Art erscheinendes übersinnliches Wesensglied. Und auch über das, was wir das »Erleben der Ganzheit« genannt haben, geht Steiners Darstellung hinaus. Denn während dieses ein Innenerlebnis ist, das dem Bedenken der Subjektivität ausgesetzt bleibt, zeugt die geisteswissenschaftliche Darstellung von einer Erkenntnisart, der der Charakter einer objektiven Wahrnehmung eignet.

Zu dem abstrakt-denkerischen, schattenhaft gewordenen Bewußtsein der Neuzeit gesellt sich zum ersten Male in der Menschheitsentwicklung die auf Weiterführung der naturwissenschaftlichen Methode beruhende Geistesschau.

Deswegen treten auch die geisteswissenschaftlichen Begriffe

Rudolf Steiners nicht isoliert auf als »Grenzpfahlbegriffe«, sondern in einem großen, systematischen Zusammenhang mit vielen anderen Begriffen. Muß man auch zunächst diese Begriffe einzeln kennenlernen, so erweisen sie sich bei größerer Übersicht doch als Glieder eines geistig-organischen Zusammenhanges, in dem ein Begriff genau so an seine Stelle gehört wie das einzelne Organ im Organismus. Und so stützen, ergänzen und beleuchten sich die einzelnen Begriffe gegenseitig.

Wenn wir nun unter diesem Gesichtspunkt den Begriff des Ätherleibes bei Rudolf Steiner untersuchen, so ergibt sich aus den angeführten Stellen, daß er nach zwei Seiten hin an andere Begriffe angrenzt: an den der *Materie* und den des *Bewußtseins*.

An den der Materie insofern, als es der Ätherleib ist, der aus der Nahrung durch Stoffumwandlung die Leiblichkeit, den Organismus, aufbaut. Solange er dazu imstande ist, d. h.: solange er die den Nahrungsstoffen innewohnende Eigengesetzlichkeit überwinden kann, bleibt der Organismus am Leben; so kann er diese Umwandlung nicht mehr vollziehen, so wird in diesem Moment auch die leichteste Nahrung zum »Gift«, d. h. der Mensch muß sterben, weil ihm der physische Leib entfällt. »Materie« ist also auf der einen Seite der an den »Ätherleib« angrenzende Begriff.

Andererseits hat Rudolf Steiner auf den Zusammenhang des Ätherleibes mit den Bewußtseinserscheinungen hingewiesen. Da die Erkenntnis gerade dieses Zusammenhanges für unsere Untersuchung über den Tod von größter Wichtigkeit ist, sei die Stelle wörtlich angeführt:

Durch »den Ätherleib ... geschieht im Menschen etwas, das nicht in der Fortsetzung des gesetzmäßigen Wirkens der Kräfte des physischen Leibes liegt, sondern das zur Grundlage hat, daß die physischen Stoffe, indem sie in das Ätherische einströmen, sich zuerst ihrer physischen Kräfte entledigen.

Diese im Ätherleibe wirksamen Kräfte betätigen sich im Beginne des menschlichen Erdenlebens – am deutlichsten während der Embryonalzeit – als Gestaltungs- und Wachstumskräfte. Im Verlaufe des Erdenlebens emanzipiert sich ein Teil dieser Kräfte von der Betätigung in Gestaltung und Wachstum und wird Denkkräfte, eben jene Kräfte, die für das gewöhnliche Bewußtsein die schattenhafte Gedankenwelt hervorbringen.

Es ist von der allergrößten Bedeutung zu wissen, daß die gewöhnlichen Denkkräfte des Menschen die verfeinerten Gestaltungs- und Wachstumskräfte sind. Im Gestalten und Wachsen des menschlichen

Organismus offenbart sich ein Geistiges. Denn dieses Geistige erscheint dann im Lebensverlaufe als die geistige Denkkraft.«

Demnach wird also die Wirksamkeit des Ätherleibes fortwährend dadurch beschränkt, daß sie in Bewußtsein metamorphosiert wird. Gerade dieser Gesichtspunkt bringt, wie im folgenden gezeigt werden soll, in manche sonst unverständliche Zusammenhänge erst Licht. Soviel ich sehe, war es Rudolf Steiner, der als erster Leben und Bewußtsein als Polaritäten erkannte und ihre Metamorphosen darstellte. Und gerade dieser Gesichtspunkt setzt uns in den Stand, den Zusammenhang der Bewußtseinserscheinungen mit den Lebensprozessen zu verstehen, auch ohne daß wir über die von Steiner gemeinte Anschauung des »Ätherleibes« verfügen.[42]

---

[42] Vgl. hierzu auch Friedrich Husemann: *Das Bild des Menschen als Grundlage der Heilkunst*, 1. Band: *Zur Anatomie und Physiologie*. 8. Auflage, Stuttgart 1979.

# Bild und Sinn des Todes in geisteswissenschaftlicher Beleuchtung

### *Die Polarität von Leben und Bewußtsein*

Seit Jahrtausenden hatte die Frage nach dem Wesen des Todes eigentlich den Sinn: was wird aus der menschlichen Seele nach dem Verlassen der irdischen Welt? Frühere Zeiten empfingen auf diese Frage durch die Religion Antworten, die ihnen Klarheit und Gewißheit gaben. Aber je mehr die naturwissenschaftlichen Methoden für Fragestellung wie Art des Antwortens maßgebend wurden, verloren die Antworten der Religion an Überzeugungskraft. Und unzählige Menschen haben gerade deswegen auf den Glauben an die Unsterblichkeit der Seele verzichten zu müssen geglaubt, weil sie vor einer vermeintlichen Konsequenz aus ihrem naturwissenschaftlichen Weltbilde nicht zurückscheuen wollten.

Angesichts dieser Tatsache mutet es einen wie eine groteske Ironie an, ja man meint, der menschliche Verstand werde wirklich »von einem bösen Geist im Kreis herumgeführt«, wenn nun gerade ein Naturwissenschafter, der Zoologe Weismann[43], auf seinem speziellen Forschungsgebiet die »Unsterblichkeit«, und zwar im materiellen Sinn, wieder aufgefunden zu haben glaubte.

Weismann beschäftigte sich vom naturwissenschaftlichen Standpunkt aus mit der Frage: ist der Tod eine naturnotwendig mit dem Leben verbundene Erscheinung, oder ist er auf äußere Ursachen zurückzuführen? Da scheinbar alle Lebewesen einmal sterben müssen, könnte man ja den Tod für eine notwendige Begleit- oder Folgeerscheinung des Lebens halten. Weismann wies aber auf die bemerkenswerte Tatsache hin, daß dies für die niederste Klasse des Tierreiches, die einzelligen Protisten, nicht zutrifft. Die Protisten vermehren sich nämlich dadurch, daß sich ihr Organismus in zwei gleichgroße Teile halbiert; beide Hälften wachsen dann wieder zu der ursprünglichen Größe heran. Man kann logischerweise von keinem der

---

[43] Weismann: *Über Leben und Tod*, Jena 1883.

beiden neuen Organismen sagen, daß er älter sei als der andere. Und da bei dieser Art der Fortpflanzung kein alterndes Muttertier und schließlich auch kein Leichnam übrig bleibt, kann man bei diesen Tieren auch nicht von einem Tode sprechen, wenigstens nicht in demselben Sinne wie bei den höheren Tieren. Die Protisten sind deswegen nach Weismanns Auffassung »unsterblich«, weil sie in ihrer normalen Entwicklung keinen Leichnam hinterlassen.[44]

Eine Reihe von Forschern hat sich der weiteren Klärung dieser Frage gewidmet. Aus einigen Experimenten schien nämlich hervorzugehen, daß auch die Einzelligen nach einer längeren Reihe von Teilungen gewisse Alterserscheinungen und somit die Anlage zum Tod aus inneren Ursachen zeigten. Genauere Beobachtungen ergaben aber, daß dies nicht eintrat, wenn die Tiere nach jeder Teilung in frische Nährlösung gebracht wurden. Woodruff, der mehr als dreizehn Jahre auf dieses Experiment verwendete, züchtete in dieser Zeit achttausendneunhundert Generationen des Protisten Paramaecium aurelia, ohne daß sich Alters-oder Erkrankungserscheinungen bemerkbar gemacht hätten. Weismanns Anschauung von der »Unsterblichkeit der Einzelligen« schien also bewiesen.

Allerdings liegt der Einwand nahe, ob der Begriff der »Unsterblichkeit« in diesem Zusammenhang überhaupt angebracht ist. Denn er kann doch wohl nur in Betracht kommen, wenn ein einzelner, begrenzter Organismus, ein »Individuum«, unbegrenzt fortlebt. »Individuum« heißt bekanntlich »das Unteilbare«. Insofern können die Protisten aber nicht als »Individuum« bezeichnet werden, weil gerade die Teilbarkeit eine ihrer spezifischen Eigenschaften ist. Außerdem ist klar, daß bei der Teilung die erste Generation nur die Hälfte, die zweite ein Viertel, die dritte ein Achtel usw. des ursprünglichen Tieres enthalten kann, abgesehen davon, daß auch dieser Rest noch dem durch den Stoffwechsel bedingten Schwund unterliegt.

Allerdings mußte auch Woodruff gewisse Schwankungen der Lebensintensität bei den Protisten feststellen. Er fand nämlich

---

[44] Wer sich eingehender mit dem Problem beschäftigen will, findet das Material umfassend dargestellt in dem Buch von E. Korschelt: *Lebensdauer, Altern und Tod*; sowie bei A. Lipschütz: *Allgemeine Physiologie des Todes*. Eine kürzere, ausgezeichnete Darstellung der Forschung auf diesem Gebiet findet der naturwissenschaftliche Interessierte in dem Buch von J. Jaquet: *Wissen und Glauben*.

bei seinen Versuchen, daß die Teilung der Paramaecien nicht ganz gleichmäßig vor sich geht, auch wenn alle äußeren Bedingungen unverändert bleiben. Vielmehr machte sich nach einiger Zeit eine gewisse Verlangsamung der Teilungsgeschwindigkeit bemerkbar. Gleichzeitig traten Zerfallserscheinungen im Kern der Tiere auf, und es erfolgte eine Neubildung desselben. R. Hertwig hat diese Erscheinung als Todesvorgang aufgefaßt; Doflein dagegen sieht in ihr einen Regenerationsvorgang, durch den der Organismus der Notwendigkeit des Sterbens entgeht.

Hier scheiden sich die Geister durch die Auffassung: ob man in der toten Abscheidung oder im Lebensprozeß das Wesentliche sieht. Letzten Endes kann es wohl nicht fraglich sein, daß es sich hier um einen rhythmischen Lebensvorgang handelt, durch den der Organismus einen *Teil* abstößt, um sich als *Ganzes* erhalten zu können.

Es kann also keine Rede davon sein, daß der einzelne Protist unsterblich sei: er löst sich durch die Teilung jeweils auf; allerdings nicht in tote Substanz, sondern in neue Lebewesen. Im Grunde genommen geschieht dasselbe auch mit den Stoffen beim Tode der höheren Lebewesen, nur daß diese erst durch den mineralischen Zustand durchgehen, ehe sie in neue Lebenszusammenhänge eintreten.

### DIFFERENZIERUNG UND STERBLICHKEIT

Immerhin ist es eine bemerkenswerte Tatsache, daß bei den Protisten die nächste Generation durch die Teilung des *ganzen* Organismus zustande kommt, während bei den anderen Tiergruppen besondere Organe der Fortpflanzung dienen. Diese sondern sich bereits während der embryonalen Entwicklung, und zwar in einem sehr frühen Stadium, aus dem übrigen Organismus heraus. Das »Keimplasma« macht die weitere Differenzierung des Organismus nicht mit; es bleibt gewissermaßen auf der Stufe der Protisten stehen. Es ist die lebendigste, aber auch die »primitivste« Substanz des Organismus. Der übrige Organismus dagegen differenziert sich in die verschiedenen Organe und die ihnen entsprechenden, von der ursprünglichen Kugelform stark abweichenden Zellformen. Und eben in der Differenzierung der Körperzellen sah Minot die Ursache für ihre Sterblichkeit. Nach seiner Auffassung ist der Tod der Kulminationspunkt der Differenzierung, und deswegen »der

Preis, den wir für unsere Organisation, für die Differenzierung der Zellen in uns, zu zahlen haben.«

Wir kämen also zu der zunächst paradox erscheinenden Feststellung, daß die weniger differenzierten, also auf niederer Stufe stehenden organischen Wesen zwar nicht geradezu unsterblich sind, aber doch dem Leben viel näher stehen als die höheren. Doch damit wird noch nicht verständlich, warum der stärker differenzierte Organismus sterben muß, während der einzellige nicht dieser Notwendigkeit unterliegt.

Die Differenzierung der Körperzellen hängt zum Teil damit zusammen, daß die Organe eine innigere Verbindung mit den mineralischen Stoffen eingehen. Besonders typisch sieht man dies an den Zellen der Linse im Auge, die deutlich die hexagonale Form des Bergkristalls zeigen. In diesem Organ durchdringen sich gewissermaßen die organischen Kräfte der Zellen und die mineralischen Kräfte der Kieselsäure in der Weise, daß ein gewisses Gleichgewicht resultiert. Die Zelle nimmt die Form des Bergkristalls an, sie bekommt dadurch seine Durchsichtigkeit, verliert aber dabei weitgehend ihre Lebendigkeit. Daß die Linse dem Unorganischen sehr nahe steht, zeigt sich auch daran, daß sie im höheren Alter so sehr der Gefahr der Star-Erkrankung ausgesetzt ist, d. h. der Trübung infolge zu starken Mineralisierens.

Aber auch wenn die Verbindung mit mineralischen Stoffen nicht so hervortritt wie bei der Linse, kann das Auftreten differenzierter, fester Formen jedenfalls doch nur als ein Prozeß der Erstarrung und damit des Absterbens aufgefaßt werden.

Warum aber ist die höhere Differenzierung geradezu gleichbedeutend mit höherer Entwicklung? Offenbar weil sie die Voraussetzung ist für die *Entwicklung des Bewußtseins*. Denn ein in sich einheitlicher Organismus kann nicht Träger eines individuellen Bewußtseins sein; er kann nur an einem umfassenden Bewußtsein teilnehmen.

Die differenzierte Zelle unterliegt also der Notwendigkeit des Sterbens, weil sie der Welt des Mineralischen zu ähnlich geworden ist und sich dadurch dem Leben zu sehr entzogen hat. Sie stirbt, wenn die tote Substanz so massig in ihr geworden ist, daß der Lebensrhythmus des Ätherleibes sie nicht mehr bewältigen oder ausstoßen kann. Auch bei den Protisten sahen wir zwar die Tendenz zum Tode auftreten, aber das rhythmisch pulsierende Leben erweist sich mächtiger: die Zelle macht einen Regenerationsvorgang durch. Mit anderen Worten: der Ätherleib behält das Übergewicht gegenüber seinem physischen Produkt, dem Organismus.

RHYTHMUS UND BEWUSSTSEIN

Warum, so fragen wir jetzt, sind solche Regenerationsvorgänge nicht auch bei den höheren Tieren und beim Menschen möglich? Denn auch der höhere Organismus zeigt Lebensrhythmen. Der ganze Stoffwechselprozeß ist von Rhythmen durchzogen, die ihre Zusammenfassung im *Herzrhythmus* finden. Dieser begegnet sich mit dem der *Atmung*.

Aber es besteht ein grundlegender Unterschied zwischen beiden: die Atmung zeigt sich weitgehend vom Bewußtsein beeinflußbar, das Herz dagegen nicht, oder doch nur indirekt und unwillkürlich. Jedes Gefühl, jeder Gedanke äußert sich in einer Störung des Atemrhythmus, und immerfort wird auf diesem Wege auch der Herzrhythmus angegriffen. In stärkstem Maße aber wird der Atemrhythmus unterbrochen durch das Sprechen. Ja, man muß sagen, daß er dabei zeitweise vollständig zerstört wird.

Wenn wir also die Frage aufwerfen: wäre es denkbar, daß der Mensch in ähnlicher Art wie die Protisten den Todesprozeß durch seine Lebensrhythmen überwinden könnte? – so müssen wir sagen: dies wäre nur denkbar, wenn zum mindesten seine Lebensrhythmen vollkommen ungestört verliefen. Annäherungsweise sehen wir derartiges noch beim Schlaf des gesunden Menschen; es treten dabei regelmäßige Schwankungen der Atemtiefe und des Rhythmus auf, die zeigen, daß die menschliche Atmung, wenn sie ganz frei von den störenden Einflüssen des Bewußtseins verläuft, einen eigentümlichen inneren Rhythmus zeigt. Doch dies ist, wie gesagt, nur im Tiefschlaf zu beobachten. Wir können also auch umgekehrt sagen: wenn die Atmung des Menschen so harmonisch-rhythmisch wäre, wie sie sein müßte, damit der Mensch »ewig« leben könnte, oder zum mindesten ein Höchstmaß von Gesundheit hätte, so könnte eine solche Atmung nicht als Grundlage des menschlichen Bewußtseins dienen, noch viel weniger als Werkzeug der Sprache.

Wenn wir also fragen: was bringt in die menschlichen Rhythmen jene Störung hinein, die bewirkt, daß er nicht ewig leben kann? – so ergibt sich die Antwort: das menschliche Bewußtsein! Denken, Fühlen, Wollen, Sprechen und Handeln unterbrechen die kosmischen Rhythmen. Aber – gerade durch diese bewußten Tätigkeiten wird der Mensch ja erst ein Individuum! *Der Mensch muß sterben, weil er ein individuelles Bewußtsein entwickelt.*

Wenn also Minot sagte: »Der Tod ist der Preis, den wir für die Differenzierung zu zahlen haben«, so können wir jetzt hinzufügen: *und die Individualisierung ist der Gewinn, den wir dem Tode abringen!*

### GEDÄCHTNIS UND ERINNERUNG
### ALS METAMORPHOSEN DES LEBENS

Bei genauerer Überlegung zeigt sich, daß diese Zusammenhänge eine innere Notwendigkeit haben. Denn *Bewußtsein* kann immer nur dort entstehen, wo *Differenzen* erlebt werden. Solange ein Wesen in den kosmischen Rhythmen ungehindert mitschwingt, kann in ihm kein Bewußtsein entstehen. Sollte der Mensch Selbstbewußtsein entwickeln, so konnte dies nur dadurch geschehen, daß er einen Organismus bekam, der ihn aus dem Bereich der kosmischen Rhythmen herausdifferenzierte.

Dies ist in der Tat der Fall: die Sinneswahrnehmungen kommen nur dadurch zustande, daß die kosmischen Rhythmen – Licht, Ton – sich an den Sinnesorganen brechen. Die Sinneswahrnehmung liefert deswegen zunächst ein *totes Bild* des Wahrgenommenen. Sie würde, wenn nichts anderes dazu käme, nur im Sinnesorgan als physiologischer Vorgang ablaufen und wieder verschwinden. Niemals aber würde auf diese Weise *Gedächtnis* entstehen können. Damit dieses sich bildet, muß vom Innern des Organismus aus die Sinneswahrnehmung ergriffen und belebt werden: nur die innerlich wiederbelebte Sinneswahrnehmung wird zur *Vorstellung* und damit dem *Gedächtnis* einverleibt.

Und auch jedesmal, wenn wir eine Vorstellung aus der Erinnerung heraufholen, muß sie neu belebt werden; das kann man ohne weiteres an sich beobachten, wenn man sich auf einen vergangenen Sinneseindruck besinnt. Er taucht vielleicht zunächst in unbestimmter, verschwommener Form auf, aber er wird durch längeres Besinnen deutlicher und klarer: er wird lebendiger, wird wieder belebt.[45]

---

[45] Vgl. Hermann Poppelbaum: *Im Kampf um ein neues Bewußtsein.* Freiburg i. B. 1948.

Hier drängt sich die Frage auf: woher nimmt der Mensch die Kräfte, mit denen er die tote Sinneswahrnehmung beleben kann? Da der Organismus ein Ganzes ist, muß es eine Stelle in ihm geben, woher sie stammen. Und da es sich um belebende Kräfte handelt, müßte an dieser Stelle das entsprechende umgekehrte Phänomen beobachtet werden können: daß diese Kräfte einem Organ entzogen werden.

Hierfür kann meines Erachtens nur das *Gehirn* in Betracht kommen. An ihm kann man die eigentümliche Tatsache beobachten, daß die Ganglienzellen bald nach der Geburt die Teilungsfähigkeit verlieren, während im übrigen Organismus noch lebhafte Zellteilungen stattfinden; durch diese ist ja gerade das Wachstum des Körpers bedingt. Es zeigt sich also, daß die Bildkräfte des Ätherleibes sich hier nicht mehr im Wachstum äußern, sobald das *Bewußtsein* des Menschen angeregt wird. Das Gehirn wird demnach in einem gewissen Grade von frühester Jugend an aus dem Lebensprozeß ausgeschaltet. Die ätherischen Bildkräfte, die es im embryonalen Leben aufbauten, lösen sich nach der Geburt von ihm los; sie werden frei, und im späteren Leben umso freier, je mehr das Gehirn abgebaut wird.

Diese freigewordenen Bildkräfte sind es, deren sich der Mensch zum Aufbau seines Seelenlebens bedient. Dies geschieht zunächst, wie wir gesehen haben, dadurch, daß die Sinneswahrnehmungen innerlich belebt und damit dem Gedächtnis »einverleibt« werden. (Die Sprache hat hier das Wissen um die leibliche Grundlage des Gedächtnisses festgehalten.) Der vom organischen Geschehen losgelöste und unter die Herrschaft des Seelenlebens geratene Teil des Ätherleibes bildet das *Gedächtnis*. Ätherische Bildkräfte werden in Gedächtnisbilder metamorphosiert und damit zu einer neuen Ganzheit gestaltet.

Auch sonst zeigen ja die Bewußtseinsvorgänge manche Analogien zu den Lebenserscheinungen. So könnte man von einer Regenerationsfähigkeit der Gedanken sprechen, wenn wir Gedankenreihen, die uns entfallen sind, aus den noch vorhandenen wieder ergänzen, und zwar so, daß sie ein »organisches Ganzes« bilden. Jede Erinnerung ist ein »Ganzheitsphänomen«.

Wir finden also die Kräfte, die bis zur Geburt die Leiblichkeit aufbauen, nachher als Grundlage der Seelenentwicklung wirksam, sie werden gleichsam um eine Stufe heraufgehoben.

Dies gilt aber zunächst nur für die ätherischen Kräfte des

Gehirns, denn der ganze übrige Organismus bewahrt sich zunächst ein weit größeres Maß von Vitalität, und erst in der zweiten Lebenshälfte unterliegt auch er allmählich demselben Absterbeprozeß, den das Gehirn schon gleich nach der Geburt durchmacht.

Nun nimmt ja das Gehirn beim Menschen eine besondere Stellung gegenüber den anderen Organen ein: es ist bei ihm verhältnismäßig am stärksten entwickelt. Und da auch in dieser Beziehung gilt, daß der Organismus ein Ganzes ist, so steht zu erwarten, daß die Bildekräfte, die auf die besondere Herausbildung des Gehirns verwandt werden, irgendwie dem Ganzen entzogen werden müssen; als Kompensationserscheinung für die Ausbildung des Gehirns muß sich irgendwo ein Mangel bemerkbar machen.

In der Tat zeigt ein Blick in die vergleichende Biologie, daß in demselben Maße, wie das Gehirn an Größe zunimmt, die *Regenerationsfähigkeit* der betreffenden Organismen abnimmt. Salamander z. B. können noch ganze Gliedmaßen ersetzen; Seesterne, viele Würmer usw. können aus Teilstücken ihres Körpers wieder den ganzen Organismus aufbauen, während bei den höheren Tieren und beim Menschen im allgemeinen nur eine Wundheilung zustande kommt.

Man sieht: je mehr das Sinnesnervensystem in den Vordergrund des Organisationsplanes tritt, umsomehr nimmt die Regenerationskraft des Organismus ab. Es findet also im Laufe der phylogenetischen Entwicklung eine *Verschiebung der Bildekräfte* in dem Sinne statt, daß sie nicht mehr an jeder beliebigen Stelle des Körpers frei verfügbar auftreten, sondern daß sie gewissermaßen von dem immer mehr hervortretenden Zentralnervensystem aufgesogen werden. Daß dieser Teil der höheren Organismen während des Embryonallebens geradezu vorwärts stürmt, zeigt ja ohne weiteres ein Blick in die Entwicklungsgeschichte.

*Leben* und *Bewußtsein* sind also naturgemäße *Polaritäten*: wo Bewußtsein entsteht, geschieht dies auf Grund von Abbauprozessen; und wo sich Bewußtseinsorgane bilden, müssen Lebensfunktionen entsprechend reduziert werden.

Daß Bewußtsein immer nur auf Grund von Abbauprozessen entstehen kann, ist eine fundamentale Erkenntnis Rudolf Steiners[46]. Vielfache mikroskopische Untersuchungen des Gehirns

---

[46] Vgl. Rudolf Steiner: *Von Seelenrätseln* (1917), GA 21. Dornach 1975.

sprechen in demselben Sinne. Man findet nämlich in den Ganglienzellen mit zunehmendem Alter eine Anhäufung gewisser Stoffe, der Lipoidsubstanzen, die offenbar Reste der durch die Bewußtseinsvorgänge hervorgerufenen Abbauprozesse darstellen. Daß es sich bei der Entstehung der Lipoidsubstanzen um derartige Ursachen handeln muß, zeigt die Tatsache, daß man sie schon bei Kindern, ihrem Alter entsprechend, in zunehmendem Maße findet: sobald das kindliche Gehirn den Einwirkungen der Außenwelt ausgesetzt ist, treten sie auf. Ihre Zunahme entspricht so genau dem Alter, daß Mühlmann aus der Menge der Substanzen mit ziemlicher Sicherheit das Alter der betreffenden Individuen feststellen konnte.

Man kann deshalb sagen: das Gehirn altert schon vom Augenblick der Geburt an; es überwiegen hier von vornherein die Abbau- gegenüber den Aufbauprozessen.

### THEORIEN ÜBER DIE URSACHE DES TODES

Von diesen Gesichtspunkten aus gewinnt die Diskussion über die *Ursache des Todes beim Menschen* erneutes Interesse. Zwei Forscher stehen sich hier in ihren Anschauungen entgegen: Ribbert und Nothnagel. Letzterer vertritt die Ansicht, daß der Tod im Grunde genommen immer durch einen Stillstand des Herzens bedingt sei, mag es sich um Erkrankungen des Zentralnervensystems, der anderen Organe oder um Infektionskrankheiten handeln: »Der Mensch stirbt fast immer vom Herzen aus.«

Jedoch darf man daraus nicht schließen, daß die Herzmuskelzellen früher als andere absterben. Wie Ribbert nachwies, können bei Stillstand des Herzens sehr wohl die Muskelfasern zum Teil noch funktionsfähig sein; ja Kuljabko konnte durch Durchspülung von Herzen Verstorbener mit sauerstoffhaltiger Flüssigkeit in manchen Fällen eine vorübergehende Wiederherstellung der Herztätigkeit erreichen.

Der Tod ist also nicht eine lokale oder durch das Versagen eines einzelnen Organs bedingter Erscheinung, sondern, genau wie das Leben, ein Ganzheitsphänomen: der Mensch als Ganzes kann nicht mehr leben, obwohl einzelne Organe noch – unter anderen Gesamtbedingungen – vorübergehend funktionsfähig sein können.

Ribbert sieht einen Unterschied zwischen dem »natürlichen« Tod, d. h. dem infolge der natürlichen Alterserscheinungen eintretenden, und dem »pathologischen« Tod, der durch Krankheit oder äußere Umstände herbeigeführt wird. Er ist der Überzeugung, daß der normale Alterstod vom *Gehirn* ausgeht. Dieses ist, wie sich auch bei Regenerations- und Transplantationsversuchen ergibt, ein viel empfindlicheres Organ als das Herz. Und auch in den Fällen, wo der Tod scheinbar vom Herzen ausgeht, ist nach seiner Ansicht zuerst das empfindliche Gehirn abgestorben. Aber schon während des Lebens treten die Alterserscheinungen im Gehirn besonders deutlich hervor, wie das auch aus den Befunden von Mühlmann hervorgeht. Nach Ribberts Ansicht hört das Gehirn nicht nur zuerst zu leben auf, sondern »sein Absterben ist auch der Grund des natürliches Todes. Bei diesem handelt es sich ja darum, daß der senile Organismus, ohne Veränderungen in irgendeinem Organe aufzuweisen, die man im eigentlichen Sinne als pathologisch bezeichnen müßte, also ohne Erkrankung im engeren Sinne, ganz allmählich dem Ende entgegengeht, und daß daran der ganze Körper, wenn auch seine einzelnen Abschnitte in wechselnder Intensität, beteiligt ist. Das Herz im allgemeinen ist weit widerstandsfähiger als das Gehirn, das durch die alle Organe treffende Abnahme der Lebensenergie jedenfalls eher als das Herz eine solche funktionelle Einbuße erleidet, daß eine längere Dauer des Lebens sich damit nicht verträgt. Auch ist die Art des Eintrittes des Todes, das allmähliche Einschlafen, die zunehmende psychische Schwäche in dem Sinne zu verwerten, daß das Aufhören der Lebenserscheinungen vom Gehirn abhängt... Der natürliche Tod ist ein Gehirntod.«[47]

Ribbert und Nothnagel geben aber beide zu, daß ein »natürlicher Tod«, d. h. das Aufhören des Lebens ohne jede Art von krankhafter Veränderung der Organe, sehr selten zu finden ist; meistens wird der Tod, auch der im hohen Alter, durch irgendwelche Organerkrankungen herbeigeführt.

Es scheint also, als wenn zwischen den Auffassungen von Ribbert und Nothnagel ein unlösbarer Widerspruch bestände. Vergegenwärtigen wir uns aber das oben über den Zusammenhang von Leben und Bewußtsein Dargestellte, so kann es meines Erachtens nicht zweifelhaft sein, daß wir im Zentralnervensystem *die* Stelle im menschlichen Organismus zu sehen haben, *von welcher der Todesprozeß ursprünglich ausgeht.*

Und wir müssen auf die *Prozesse* achten lernen, für welche

---

[47] Zitiert nach Jaquet, s. Anm. zu S. 86.

die Organveränderungen doch nur Symptome sind. Solange man nur in den *Organen* nach der Ursache des Todes sucht, ohne den Menschen als Ganzes zu berücksichtigen, wird man nie zu einer befriedigenden Lösung kommen.

Suchen wir aber nach dem Ursprung des *Todesprozesses*, so müssen wir zweifellos Ribbert zustimmen. Andererseits muß man Nothnagel zugeben: infolge der normalen Altersveränderungen des Gehirns, und selbst wenn diese pathologische Grade annehmen, stirbt der Mensch nicht, solange das Herz nicht versagt. Das tritt aber bei normalem Verlauf erst ein, wenn die »Lebenskraft« verbraucht ist, wofür eben der Zustand des Herzens den besten Maßstab abgibt. Ribbert hat recht in Bezug auf den Ursprung des Todesprozesses: durch das Nervensystem hält er seinen Einzug in den Organismus; aber erst wenn der Todesprozeß im Herzen angekommen ist, stirbt der Mensch – und dies ist Nothnagels Gesichtspunkt.

Beide Forscher aber unterliegen dem Grundirrtum ihres Zeitalters; sie suchen in den materiellen Veränderungen eines einzelnen Organes die Erklärung für das Auftreten des Todes. Während doch die Phänomene uns unmißverständlich sagen, daß der Tod nicht ein Ereignis ist, das den Organismus erst am Ende seines Lebens trifft, sondern ein *Prozeß*, der schon in frühester Jugend vom Nervensystem aus zu wirken beginnt und entsprechend der Entwicklung des Bewußtseins immer intensiver wird. – Der Tod ist, wie das Leben, das Offenbarwerden einer übersinnlichen Wirklichkeit im Physischen.


Jedoch – der menschliche Organismus ist nicht nur Instrument für das Denken, er soll dem Ich auch als *Willenswerkzeug* dienen. Jeder Willensvorgang beruht aber auf einem Eingreifen des Ich in das Stoffwechselsystem, das durch das Blut mit der ganzen Leiblichkeit in Verbindung steht. So wie das *Ich* der Mittelpunkt des geistigseelischen Menschen ist, so ist es das *Blut* in bezug auf die Leiblichkeit. Das Blut bildet die körperliche Grundlage für das Ich.

Das Ich wäre aber nicht imstande, sich des Blutes zu bedienen, wenn es nicht Abbauvorgänge in ihm hervorrufen könnte. Diese sind in der Tat deutlich zu sehen: die roten Blutkörperchen werden kernlos und zerfallen in riesiger Menge. Ursprünglich haben nämlich auch die roten Blutkörperchen Kerne. Und die Entwicklungsgeschichte zeigt, daß dies im

Embryonalleben überhaupt noch der Fall ist. Das bedeutet aber, daß sie dann noch biologisch vollwertige Lebewesen sind. Im Laufe der Embryonalentwicklung verschwinden aber die Kerne allmählich, so daß der Neugeborene im allgemeinen bereits kernlose rote Blutkörperchen hat. Das kernlose Blutkörperchen ist aber biologisch nicht mehr vollwertig; es muß in verhältnismäßig kurzer Zeit absterben und durch ein neues ersetzt werden. Nach den Forschungen des Japaners Ona gehen im menschlichen Organismus täglich 500 Milliarden rote Blutkörperchen zugrunde, was einer Menge von etwa 100 ccm Blut entspricht. Die im roten Knochenmark entstehenden Ersatz-Blutkörperchen sind zunächst kernhaltig und werden dann ebenfalls kernlos; nur unter pathologischen Verhältnissen finden sich auch kernhaltige rote im Blute des Erwachsenen. Das Blut ist also zweifellos dasjenige Organ, das dem stärksten Abbauprozeß unterliegt und dementsprechend auch des stärksten Regenerationsprozesses bedarf. Und die Bresche, die da in das Blutsystem geschlagen wird, rührt davon her, daß hier das Ich eindringt und von da aus den Organismus als Willensinstrument benutzt.

Daß dieser enorme Abbauprozeß wirklich mit dem Eingreifen des Bewußtseins zusammenhängt, bestätigt sich übrigens auch durch die Tatsache, daß die Zahl der roten Blutkörperchen morgens etwas höher ist als abends.

Also nicht nur im Nervensystem sitzt der Todesprozeß – er dringt bis ins Blutsystem vor. Aber gerade hier sind die Aufbaukräfte so stark, daß sie den Zerstörungsprozeß zunächst immer wieder ausgleichen können, und dies gilt besonders für den Schlafzustand, wo das Bewußtsein ausgeschaltet ist. Das menschliche Leben besteht demnach, durch den Wechsel von Wachen und Schlafen, in einem fortwährenden Hin- und Herpendeln zwischen Aufbau- und Abbauprozessen, zwischen den Polen: Leben und Tod[48]. Und wenn wir uns auch normaler-

---

[48] Das Wissen vom polaren Aufbau des menschlichen Organismus liegt dem Märchen vom *Gevatter Tod* zugrunde (Gebrüder Grimm). Es schildert den Lebenslauf eines Knaben, der bei der Taufe den Tod zum Paten bekommt. Als der Knabe heranreift, bestimmt ihn der Tod zum Arzt und zeigt ihm ein Kraut, mit dem er alle Krankheiten heilen kann, wenn er es in den richtigen Fällen anwendet. Und die zeigt ihm der Tod dadurch an, daß er zu Häupten des Kranken erscheint; dann weiß der Arzt: die Krankheit ist heilbar. Zeigt die Schau den Tod aber zu Füßen des Kranken, so ist sein Schicksal besiegelt, alles ärztliche Bemühen vergeblich.

weise nach jedem Schlaf wieder erfrischt fühlen, so dürfen wir uns doch nicht darüber täuschen, daß dies, zum mindesten in der zweiten Lebenshälfte, nur einer Ruhepause auf einer täglich weiter abwärts führenden Bahn vergleichbar ist: trotz besten Schlafens altern wir von Tag zu Tag.

In der Jugend bewahrt allerdings der Lebensrhythmus noch ein Übergewicht über die Stofflichkeit des Organismus; das mittlere Lebensalter ist normalerweise durch ein Gleichgewicht zwischen Leben und Stofflichkeit charakterisiert; im Alter entfällt die Stofflichkeit immer mehr dem Lebensrhythmus, wodurch sie, äußerlich gesehen, verhärtet und schrumpft. Genauer betrachtet besteht der Altersprozeß darin, daß die spezifische Substanz der Organe, wie Leber, Lunge, Niere, einem Schrumpfungsprozeß unterliegt, unter gleichzeitiger relativer Vermehrung der Stützsubstanzen. Dadurch werden die Organe weniger funktionstüchtig, kleiner und härter. Auch Herz und Gehirn unterliegen dieser »Altersatrophie«. Das Knochensystem dagegen wird bis zu einem gewissen Grade *entmineralisiert* und dadurch spezifisch leichter.

Wenn der vom Sinnesnervensystem ausgehende Zerstörungsprozeß den vom Blut ausgehenden Aufbauprozeß ganz aufgebraucht hat, tritt der »physiologische Alterstod« ein. Er muß eintreten, wenn die Seele alle Bildekräfte in Gedächtnisbilder und Seelenfähigkeiten umgewandelt hat. Der Tod ist dann eine innere Notwendigkeit, weil der Organismus seine Bildekräfte völlig für das Seelenleben hingegeben hat.

Was wir »Tod« nennen, ist also nur das Endergebnis eines Prozesses, der das ganze Leben durchzieht und der es uns erst ermöglicht, bewußte Wesen zu werden, weil er die Grundlage für die Verwandlung von Lebensprozessen in Bewußtseinsinhalte bildet. Und hierin können wir den Sinn des Todesprozesses sehen: er dient uns als Ferment der Verwandlung. Hätte Korschelt dieses Geheimnis der Verwandlung gekannt, so hätte

Mit anderen Worten: solange der Todesprozeß nur in normaler Weise vom Sinnes-Nervensystem aus wirkt, besteht keine Gefahr für das Leben, selbst wenn der Mensch erkrankt; wenn aber der Todesprozeß in das dem Aufbau dienende »untere« Gebiet eingedrungen ist, wenn sich z. B. das Blut der Infektionserreger nicht mehr erwehren kann, wird die Krankheit tödlich verlaufen. Dieselbe Anschauung liegt der biblischen Erzählung vom *Baum des Lebens* und dem *Baum der Erkenntnis* (der die Ursache des Todes ist) zugrunde: Der »Baum der Erkenntnis« ist ein Bild für das Zentralnervensystem, der »Baum des Lebens« für das Blutsystem.

er einen Sinn verbinden können mit der Beobachtung, »daß der Organismus bereits auf sehr früher Ausbildungsstufe den Keim zum Altern in sich trägt« – denn er spricht wohl vom *Keim*, nach der *Frucht* aber fragt er nicht, weil er im Tode nur die Negation des Lebens sieht.

### *Der Todesprozeß als physiologische Grundlage der Freiheit*

Der Todesprozeß bildet also, wie wir sehen, die Grundlage für die Entwicklung des Bewußtseins. Aber mehr als das: auch das höchste Kleinod des menschlichen Seelenlebens, die *Freiheit des Willens*, beruht auf derselben Grundlage. Denn: worin würde sich das menschliche Seelenleben von dem der Tiere unterscheiden, wenn es nicht die Möglichkeit der Freiheit in sich trüge!

Auch die tierische Organisation nämlich ist zu weisheitsvollem Handeln befähigt. Die Biene, der Vogel, die Ameise leisten Erstaunliches in der Anpassung an die wechselnden Bedingungen der Außenwelt. Doch die tierische »Weisheit« ist nicht Funktion eines individuellen Bewußtseins, sondern des der »Art« eigentümlichen Seelenlebens; sie ist Funktion der »Gruppenseele«.

Deswegen kann das Tier die in seinem Verhalten sich offenbarende Weisheit nicht frei handhaben, sondern es wird von ihr beherrscht. Das »Denken« des Tieres ist an seine Organisation gebunden und durch diese begrenzt; es ist »artgemäß«, und bleibt deswegen von Generation zu Generation das gleiche[49].

Beim Menschen jedoch sehen wir nicht nur von einer Generation zur andern das Denken sich wandeln, sondern sogar der einzelne Mensch macht solche Wandlungen durch; es gibt *Entwicklung* und *Freiheit* im Seelenleben des Menschen. Er kann, wenn er vielleicht in materialistisch denkender Umgebung aufgewachsen ist, sich zu einer geistigen Weltauffassung durchringen; oder er kann, wenn er etwa von Jugend auf einseitig eingestellt war, sich ein Verständnis für die Notwendigkeiten der materiellen Welt erwerben. Und ferner: Der

---

[49] Vgl. Hermann Poppelbaum: *Mensch und Tier.* 7. Aufl. Dornach 1975, Fischer Taschenbuch 5509, 1981.

Mensch mag den Acker bebauen, Maschinen konstruieren, sich zum Künstler ausbilden – oder sich Nichtigkeiten des alltäglichen Lebens hingeben – es steht ihm frei. Jede Biographie wird einen neuen Inhalt zu dem Begriff der menschlichen Freiheit hinzufügen.

Diese freie Beweglichkeit seines Geistes verdankt der Mensch dem Umstande, daß sein Bewußtsein im *Denken* zentriert ist. Im Denken erleben wir uns als freie Wesen; durch den Stoffwechsel wie auch durch die Sinneswahrnehmung finden wir uns notwendig an die Welt gebunden. – Warum gibt uns gerade das Denken das Erlebnis der Freiheit? Weil es seine Grundlage in den durch den Todesprozeß *frei* gewordenen Bildekräften findet!

Der Tod ist für den Menschen, wie für jedes Lebewesen, unabwendbar, und insofern kann man von einer Naturnotwendigkeit des Sterbens sprechen, welcher der Mensch unterworfen ist. Doch dies ist nur der äußere Aspekt. Denn wenn wir beobachten, daß durch den Todesprozeß fortwährend Bildekräfte aus der Gebundenheit an die Leiblichkeit und damit aus den Notwendigkeiten der Physis befreit werden, so ergibt sich genau der entgegengesetzte Gesichtspunkt! Durch diesen Verwandlungsprozeß kehren nämlich die Bildekräfte in ihren ursprünglichen Zustand zurück, in dem sie waren, bevor sie sich mit der Leiblichkeit verbanden: sie unterliegen jetzt keiner irdischen Bestimmung mehr, sie haben wieder alle Bildungsmöglichkeiten in sich, sie können im Bewußtsein in allen Formen und Qualitäten verwandelt werden.

Ursprüngliche Bildekräfte werden durch den Todesprozeß dem Menschen zur freien Verfügung gestellt, in welchem Sinn und zu welchem Zweck er sie verwendet, das liegt in seiner Hand. Diese frei gewordenen Bildekräfte lassen, da sie bestimmungslos sind, der menschlichen Individualität *volle Freiheit*.

Und dies ist von fundamentaler Wichtigkeit: denn erst durch diese Verwandlung der Bildekräfte wird im menschlichen Organismus Platz geschaffen für das Eigentlich-Menschliche; dieses beginnt nämlich erst da, wo der Mensch in Freiheit sein *geistiges Wesen* entwickelt.

Das tut aber der Mensch von Jugend auf, wenn auch zunächst unbewußt. Denn schon wenn das Kind von den mannigfaltigen Eindrücken der Welt einige im Gedächtnis behält und andere vergißt, vollzieht es offenbar eine Auswahl: es läßt die Wiederbelebung nur denjenigen Wahrnehmungen angedeihen, die sein *Interesse* zu erregen vermögen. Dieses aber ist eine direkte Lebensäußerung seines eigensten geistigen Wesens, seines *Ich*.

So verdankt der Mensch die Möglichkeit einer freien Entfaltung seines innersten Wesens der Tatsache, daß seinem Organismus der Todesprozeß eingegliedert ist, und daß die durch diesen frei gewordenen Bildekräfte dem Seelenleben als Grundlage dienen. Der Todesprozeß bildet also die physiologische Grundlage für die Entstehung des individuellen Denkens, und damit für die Entwicklung des Menschen zur Freiheit.

*Die Seele im Alter*

Der geschilderte Umwandlungsprozeß der biologisch-wirksamen Ätherkräfte in Seeleninhalte durchzieht das ganze Leben und kann, wenn die Bewußtseinsorgane intakt sind, bis zum Lebensende die Grundlage für ein gesundes und produktives Seelenleben bilden. Es scheint, daß für die Erhaltung der geistigen Frische bis ins höchste Alter in erster Linie eine Erziehung, die die schöpferischen Kräfte des Kindes zu wecken versteht, von grundlegender Bedeutung ist. Solche Menschen lieben das Tätigsein, und wenn dazu die Bereitschaft zu immer erneuter innerer Wandlung kommt, so sind die Vorbedingungen gegeben für ein Alter, das die Frucht des ganzen Lebens ernten darf.

Gewiß, nicht viele bewahren sich diese Unermüdbarkeit bis ins hohe Alter hinein; die meisten sterben schon innerlich ab, wenn sie in einem Beruf, in anerkannter Stellung oder bürgerlicher Sicherheit gelandet sind. Wenn aber der Genius wach bleibt, kann gerade das Alter die Möglichkeit zur höchsten menschlichen und geistigen Reife bieten. In einer schönen Studie hat A. E. Brinckmann [50] dargestellt, wie die Spätwerke großer Meister oftmals eine innere Einheitlichkeit und Geschlossenheit zeigen, die ihren Jugendwerken abgeht. Der jugendliche Künstler neigt zum sinnenmäßigen Erfassen der Welt und zur Differenzierung in der Darstellung; oft werden die Einzelheiten nur äußerlich durch die Gesamtkomposition zusammengehalten. In den Alterswerken dagegen verschmelzen die Einzelheiten, wie Form und Farbe, zu einem organischen Ganzen, dessen Einheit nicht im Äußeren, sondern in der

---

[50] A. E. Brinckmann: *Spätwerke großer Meister.* Frankfurt 1925.

künstlerischen Idee liegt. Wie ein inneres Feuer ergreift die Idee das künstlerische Material, erhitzt es zur Hochglut und gestaltet das Werk »wie aus einem Guß«. Welche Verinnerlichung erreichen Tizian, Tintoretto und Greco; welches Licht strömt aus den Bildnissen alter Menschen, die trotz äußerster Bedrängnis der greise Rembrandt schuf; welche magische Gewalt wußte der neunundachtzigjährige Michelangelo der Pieta Rondanini zu verleihen; und was wäre Goethes Werk ohne die Offenbarung des zweiten Faust!

Wiederum haben wir es mit einer Umwandlung leiblich gebundener Kräfte in seelische Qualitäten zu tun. Was der jugendliche Mensch als Freude an der Sinnenwelt, als feuriges Temperament, als leibliche Reproduktionskraft in sich trägt – der alt gewordene Künstler hat es umgewandelt und versteht sein Werk damit zu begaben: es bekommt Eigenleben, es atmet, es strahlt eine geistige Atmosphäre aus. In einem geistig-realen Sinne lebt der Künstler in seinem Werke fort.

Gewiß kann nicht jeder im vollen Sinn Künstler sein; obwohl bei allen viel mehr künstlerische Fähigkeiten geweckt werden könnten, als durch die übliche Erziehung herauskommen. Doch der Reifungsprozeß des Alters verleiht manchen Menschen eine innere Geschlossenheit, die oft wie eine persönlich-künstlerische Qualität anmutet. Und die Fähigkeit des »Erzählen-Könnens«, die bei gesunder innerer Lebensführung sich im Laufe des Lebens entwickelt, macht den alten Menschen zum natürlichen Epiker – auch dies hängt mit der Umwandlung der Bildekräfte in Gedächtnisbilder zusammen.

Alte Menschen leben bekanntlich viel stärker in ihren Erinnerungen als jüngere. Man sieht sogar in solchen Fällen, wo Verhärtung und Schrumpfung des Gehirns zum Auftreten des Altersschwachsinns geführt haben, daß diese Menschen, obwohl sie fast gar kein Gedächtnis für die unmittelbare Gegenwart haben, sich ihrer Jugend und der mittleren Lebenszeit ausgezeichnet erinnern können. Das beruht darauf, daß sich mit zunehmendem Alter der Ätherleib aus dem physischen herauslöst; die Gedächtnisbilder werden lebhafter, das Seelenleben verselbständigt sich und verliert (in den vorgeschrittenen Fällen) den unmittelbaren Zusammenhang mit der Sinneswelt.

Im Sinne der Goetheschen Denkweise kann man im Lebenslauf eine Metamorphose sehen: Die physische Leiblichkeit bietet zunächst dem Seelenleben die Möglichkeit der Entfaltung. Aber in dem Maße, als es wächst und selbständiger wird, muß es den physischen Leib sich selber überlassen. Allmählich erringt das Ich sich die Erlebnismöglichkeit in einem relativ leibfreien Zustande: jetzt kann es sich nämlich in den Erinnerungen erleben, wie es als Kind sich an der Welt der Sinneswahrnehmungen erlebte. Da ist wirklich eine Metamorphose vor sich gegangen: das Äußere ist zu einem Inneren geworden.

Diese Zusammenhänge hatte *Goethe* im Auge, wenn er die Ottilie in den Wahlverwandtschaften in ihr Tagebuch schreiben läßt: »Man mag sich denken, wie man will, man denkt sich immer sehend. Es könnte wohl sein, daß das innere Licht einmal aus uns herausträte, so daß wir keines anderen bedürften.«

### Das Lebenspanorama

Den Höhepunkt dieses Umwandlungsprozesses stellt der Moment des Todes selber dar. Der Alterstod tritt ein, wenn alle Bildekräfte des Ätherleibes in Bewußtseinskräfte verwandelt sind. Der Ätherleib hat dann keine Möglichkeit mehr, die aufgenommene Nahrung in Leibessubstanz zu verwandeln, der Stoffwechsel hört auf. In diesem Moment muß der Ätherleib den physischen Leib verlassen, denn er findet keinen Angriffspunkt mehr.

In der *Geheimwissenschaft* stellt R. Steiner dar, wie die Seele nach dem Verlassen des physischen Leibes zunächst in ihrer durch den Ätherleib vermittelten eigenen Gedächtnisbilderwelt lebt.

Aber auch schon während des Lebens kann es zu einem Aufleuchten dieser inneren Bilderwelt kommen. Durch einen Schreck, durch Blutverlust, Erstickungsgefahr, Narkose usw. kann es zu einer vorübergehenden, wenn auch nur teilweisen, Lockerung des Ätherleibes kommen: die Folge ist, daß dann das ganze verflossene Leben wie in einem großen Gemälde vor dem Menschen aufleuchtet – »Lebenspanorama«. Aus der Literatur und eigenen Beobachtungen seien hier einige Erlebnisse dieser Art berichtet. Rudolf von Koschützki schildert in seiner lesenswerten Biographie *Fahrt ins Erdenland* in eindrucksvoller Weise seine Erlebnisse während eines Eisenbahnunglückes, wobei er drei Stunden lang, in Trümmer eingeklemmt, der Gefahr des Erstickens ausgesetzt war.

»Das ganze Leben ging im Fluge an mir vorüber. Lauter einzelne Bilder, sekundenlang mich umgehend, mit einer Schärfe der Umrisse und Frische der Farben, wie sie sonst nur der Wirklichkeit eignet. Es war, als wenn nicht alte Erinnerungen, sondern die Dinge und Geschehnisse selbst wieder lebendig würden. Ich saß als kleiner Junge vor meinen Schularbeiten und schnitt einen schönen, glatten Kerb in die Tischkante. Da tönt die Stimme meines Vaters: ›Komm mal raus, ich hab dir'n Pferd gekauft.‹ Ganz verwirrt von dieser märchenhaften Aussicht, stürze ich ins Freie und sehe den alten Junnek ein kleines, graues Tier am Zügel halten. Es hatte einen Büschelschwanz und zwei lange Ohren. Ich war starr vor Staunen; mein Vater aber und der alte Junnek lächelten, jeder auf seine Weise.

Dann war ich eine halbe Elle größer und begegne meinem Vater auf der Treppe. Er gibt mir eine schallende Ohrfeige: ›Wenn deine Mutter nicht die physische Kraft hat, dich zu bändigen, so bin ich schon noch da!‹ Es war eine jener wohltätigen Ohrfeigen im rechten Augenblick und stimmte mich sehr nachdenklich; das Wort ›physisch‹ hörte ich damals zum erstenmal und hege seitdem eine besondere Achtung dafür.

Plötzlich war ich wieder kleiner und kutschierte meine weinende Mutter in dem einspännigen Schulwägelchen über Land. Sie saß hinter mir, und neben mir saß der Stellmacher-Karlik, der mir geholfen hatte, den großväterlichen Gemüsegarten von Erdbeeren und Schoten zu säubern, während meine Mutter von ihrer Heimat und ihren Eltern, die das Gut verließen, Abschied nahm. Ich blickte befriedigt auf den gewonnenen Raub zu meinen Füßen, trieb den kleinen Schulfuchs an und hatte dabei ein peinliches Gefühl im Rücken, wegen des Weinens meiner Mutter, wovon ich den Grund nicht verstand.

So tauchte ein Bild nach dem andern in greller Deutlichkeit auf, wie wenn ein Gewitter über dem Gefilde der Erinnerung stünde, bald hier, bald da den Schleier mit seinen Blitzen zerreißend. Am hellsten und häufigsten aber traten zwei Frauengestalten hervor: meine Mutter und Titen. Wenn meine Kräfte zu erlahmen drohten unter dem starken Druck, die Spannung des Willens versagen wollte gegen den Ansturm der Todesangst, wenn ich hören mußte, daß ich nicht zu retten sei, und jede Hoffnung zur Torheit wurde, dann traten sie vor mich hin und blickten mich so traurig an, daß ich immer wieder einen Rest von Kraft fand, mich zu bezwingen und aufrecht zu halten um ihretwillen. Der stärkste Sporn lag für mich in diesem Gedanken, und die größte Pein zugleich; denn ich sah mit der schrecklichen Deutlichkeit jener Stunden alles vor mir: wie die Nachricht von meinem Tode ankam; wie meine Mutter weinend zusammensank, wie Titens heitere Augen einen fremden Ausdruck annahmen und starr auf das Papier blickten wie auf etwas Unbegreifliches – wie dann der Gram einzog, der traurige Pflüger, und seine Furchen durch die lieben Gesichter zog, langsam und stetig, wie es seine Art ist.«

Der Züricher Geologe, Professor Heim, erzählt von einem lebensgefährlichen Absturz in den Alpen folgendes Erlebnis:

»Sofort wie ich stürzte, sah ich ein, daß ich nun an den Fels geworfen werden müsse und erwartete den Anprall. Ich grub mit den gekrallten Fingern in den Schnee, um zu bremsen, und riß mir dadurch alle Fingerspitzen blutig, *ohne Schmerz zu empfinden*. Ich hörte genau das Anschlagen meines Kopfes und Rückens an jeder Ecke des Felsens, und ich hörte den dumpfen Schlag, als ich unten auffiel. Schmerzen empfand ich erst nach etwa einer Stunde. Während des Falles stellte sich die erwähnte *Gedankenflut* ein. Was ich in fünf bis zehn Sekunden gedacht und gefühlt habe, läßt sich in zehnmal mehr Minuten nicht erzählen. Zunächst übersah ich die Möglichkeiten meines Schicksals. Eine andere Gedanken- und Vorstellungsgruppe betraf die Folgen meines Sturzes für die Hinterbliebenen. Ich übersah, wie die Nachricht meines Todes bei den Meinigen eintraf, und tröstete sie in Gedanken. Dann sah ich wie auf einer Bühne aus einiger Entfernung mein *ganzes vergangenes Leben in zahlreichen Bildern sich abspielen*. Ich sah mich selbst als die spielende Hauptperson. Alles war wie *verklärt* von einem himmlischen Lichte, und alles war schön und ohne Schmerz, ohne Angst, ohne Pein. Auch die Erinnerung an sehr traurige Erlebnisse war klar, aber dennoch nicht traurig. Erhabene und versöhnende Gedanken beherrschten und verbanden die Einzelbilder, und eine göttliche Ruhe zog wie herrliche Musik durch meine Seele. Mehr und mehr umgab mich ein herrlich blauer Himmel mit rosigen und besonders mit zart violetten Wölklein. Ich schwebte peinlos und sanft in denselben hinaus, während ich sah, daß ich nun frei durch die Luft flog und daß unter mir noch ein Schneefeld folgte. *Objektives Beobachten, Denken und subjektives Fühlen gingen gleichzeitig nebeneinander vor sich*. Dann hörte ich ein dumpfes Aufschlagen, und mein Sturz war zu Ende. In dem Momente war mir, es husche ein schwarzer Gegenstand vor meinen Augen vorüber, und ich rief aus Leibeskräften drei- bis viermal nacheinander: Es hat mir gar nichts getan!«

Der schwarze Gegenstand war, wie Heim vielleicht richtig meint, die subjektive Empfindung von dem Schwinden einer halbstündigen Bewußtlosigkeit, die beim Aufschlagen einsetzte, von dem Fallenden aber so wenig bemerkt wurde, daß die Gedankentätigkeit genau da fortgesetzt wurde, wo sie vorher unterbrochen war.

Der bekannte Schriftsteller Gustav Stutzer beschreibt in seinem Buche *In Deutschland und Brasilien* von sich ein ähnliches Erlebnis. Er litt zeitweise an Herzkrämpfen, die als Folgeerscheinung von Malaria aufgetreten waren. Nach einem furchtbaren Angstschauer trat Fieber ein, das er als eine Wohltat empfand. »Dann eine Untertemperatur, die mich zum

Eisklumpen machte. Ein englischer Arzt von Sao Paulo zeigte mir später seinen Bericht darüber in einer medizinischen Zeitschrift, den er ›als etwas kaum jemals Beobachtetes‹ veröffentlicht hatte; eine solche Tiefe der Temperatur bedeutete sonst nach allen Lehrbüchern der Medizin unfehlbar den Tod. Der Patient besitze trotz seines hohen Alters eine völlige Gesundheit aller übrigen Organe und habe alkoholische Getränke nie geliebt. Einwicklungen, Morphium, Äther seien die angewandten Mittel, während sehr häufiger Anfälle. Die Starre währe oft sehr lange usw.« Was Stutzer während dieser »Herzkrämpfe« innerlich erlebte, beschreibt er wie folgt:

»Mein ganzes Leben ging in schnellen, aber nicht unruhigen Bildern an mir vorüber. Am häufigsten zogen sie, wie man jetzt sagen würde, kinematographisch an mir vorbei, einige Male sah ich sie wie Bilder ohne Rahmen an einer langen Wand, auch wie ein großes Gemälde aus der Vogelperspektive; immer deutlich. Darunter befanden sich stets solche, welche mir aus dem Gedächtnis entschwunden gewesen waren, die ich aber als richtig erkannte. Meine Gedanken arbeiteten dabei reflektierend so klar, daß ich mir sagte: ›Das sind Vorstellungen des Gewissens.‹ Denn sie bezogen sich auf an sich geringfügige Unterlassungen. Beim Ruhen fast aller anderen Sinne außer dem Gehör (ich roch selbst den scharfen Äther nicht, und die Augenlider blieben unbeweglich fest geschlossen) war der nervöse Tastsinn so stark, daß ich das Achselzucken des Arztes deutlich merkte.

Furcht empfand ich gar nicht. Sogar das Empfinden eines allmählichen Versinkens erschreckte mich nicht.

Dann stellte sich jedesmal ein Schüttelfrost ein, ein Seufzer, ein Strecken des ganzen Körpers, wobei der Kopf in die Arme meiner Frau zurücksank, ein Weinkrampf, die Augen öffneten sich dabei, die Starrheit des Körpers schwand. Nach einigen Tagen Bettruhe bei großer Schwäche war alles vorüber, bis derselbe Anfall mit demselben Verlauf sich während zwölf Jahren nach Wochen oder Monaten wiederholte.

So geschah es auch einmal am Ende des Jahres 1908, daß Dr. v. Aschen, jetzt noch immer unser guter Freund in Santos, gegen Abend gerufen war. Er fand mich noch im Anfangsstadium des Fiebers, wandte alle Mittel an und blieb bis zum andern Morgen an meinem Bette, als ich wieder bei voller Besinnung war.

Ich bat ihn, sich ohne jeden Rückhalt auszusprechen; ich gehörte, sagte ich, zu den Leuten, die auf eine Ewigkeit hofften und sich deshalb vor dem Tode nicht fürchteten. Die Antwort des Arztes hat sich mir unauslöschlich eingeprägt. ›Es ist mir sehr interessant gewesen, den Verlauf des Anfalls genau beobachtet zu haben. Ich konnte nicht begreifen, daß die Temperaturmessungen meines Kollegen richtig wären, denn solche Untertemperatur bedeutet den Tod. Aber ich muß sie voll bestätigen, auch daß die üblichen Mittel ohne Wirkung geblieben sind. Sind Sie nie von einer Schlange gebissen?‹ ›Nein, Herr Doktor, nie.‹ ›Ihr Leiden hat eine merkwürdige Ähnlichkeit mit den Folgeerscheinungen des Schlangenbisses. Ich bin kein Anhänger der Homöopathie, aber sie hat ein Mittel, das Ihnen vielleicht gut tut. Wir wollen es einmal mit dem Lachesis (Schlangengift) versuchen, in der homöopathischen Dosis.‹ Und das Mittel hat mir geholfen!«

Die folgenden Schilderungen stammen von mir bekannten Krankenschwestern, für deren Glaubwürdigkeit ich durchaus einstehen kann.

Die eine schildert ein Erlebnis während einer akuten Mittelohrentzündung (1911) folgendermaßen:

»Nächtelang hatte ich fast nicht mehr geschlafen, denn die Ohren- und Kopfschmerzen waren zu heftig. So saß ich denn eine Nacht wieder schlaflos im Bett. Der Kopf war so schwer, als ob er aus Blei sei, und ich brauchte meine ganze Kraft, um ihn hoch und gerade zu halten. Da hatte ich auf einmal das Gefühl, ich müßte und würde sterben. (Bis dahin hatte ich noch nie an meinen Tod gedacht.) Daß ich nun sterben sollte, war für mich etwas unendlich Schönes. Ich hatte die Gewißheit, oder das bestimmte Gefühl, ich würde einschlafen, aller Schmerz und alles Quälende würde von mir genommen – und dann käme der ewige Schlaf oder die ewige Ruhe. Mein ganzes Leben sah ich in Bildern an mir vorüberziehen, bis in meine Kindheit zurück zwischen dem 4. und 5. Jahr. Manches kam, woran ich nie wieder gedacht hatte. Das ganze Leben war schön, es war nichts, was mich beunruhigte, bis auf eines. Etwa 14 Tage vor meinem Krankwerden hatte ich von einer Schwester 50 Pfennig geliehen und nicht wieder zurückgegeben, und die ließen mir keine Ruhe! Die 50 Pfennig quälten mich schrecklich. Immer schreckten die mich wieder auf... Zwischen diesen aufschreckenden Gedanken erlebte ich mich als schon gestorben, nach dem Tode. Das Sterben erlebte ich so: Ich schlief ein, alle Schmerzen und alles Schreckliche löste sich von mir los, und so erlöst schlief ich befreit weiter. Der Schlaf war aber anders. Ich fühlte mich schlafend als Wesen, vereint oder vielmehr in inniger Gemeinschaft mit anderen Gestorbenen, und doch lebenden. Es war ein unbeschreiblich schöner Zustand. Voller Frieden und Ruhe. Dabei hatte ich das Gefühl: So würde es in alle Ewigkeiten nun bleiben. Doch die geliehenen 50 Pfennig ließen das ›Gestorbensein‹ nicht zu. Immer schreckten die mich wieder auf und quälten mich, so sehr ich mich nach dem ›Erlöstsein‹ sehnte.« Die Mittelohrentzündung besserte sich nach spontanem Durchbruch des Trommelfells. »Wie's mir besser ging, sehnte ich mich sehr danach, wieder gesund zu sein. Der Tod aber hat seit dem nächtlichen Erlebnis für mich das Schöne behalten.«

Die andere Krankenschwester schreibt folgendes:

»In meinem 18. Lebensjahr war ich zwecks einer Stirnhöhlenoperation im Krankenhaus. Zuvor hatte ich erfahren, daß der Arzt meinen Vater auf alles vorbereitet hatte und daß die Operation sehr ernst sei. Am Tage der Operation erhielt ich erst eine Morphiumeinspritzung, trotzdem war ich um 9 Uhr, als ich in den Operationssaal kam, sehr aufgeregt. Ich fürchtete mich so sehr vor dem Sterben. Gegen die Narkose sträubte ich mich sehr. Ich zählte von 300 rückwärts bis 120, dann wußte ich nichts mehr von meiner Umgebung. Nun zog mein ganzes Leben, von der Gegenwart bis in die früheste Kindheit, deutlich an mir vorüber; es war, als ob ich alles noch einmal erlebte. Ganz scharf konnte ich unterscheiden: Dieses war gut und jenes war nicht gut, und um vieles hätte ich gerne noch um Verzeihung gebeten. Plötzlich war ich in einem Meer von Licht, ich sah und fühlte nichts als Licht, es war wunderbar schön. Als ich wieder erwachte, war es mittags, ich konnte mich nicht besinnen, wo ich war, erst nachdem mir dieses von der Schwester gesagt wurde, kamen meine Erinnerungen allmählich wieder, aber sie stimmten mich nur traurig, wenn ich daran dachte, wie schön es war, wo ich doch gewesen... Ich konnte mich an den Gedanken, in dieser rauhen Wirklichkeit weiter leben zu müssen, nicht so schnell gewöhnen.«

Hier liegt also die Erscheinung vor, daß mit dem Moment, wo die Gehirnfunktion durch das Narkosemittel abgelähmt ist, sich die gesamte Erinnerungswelt wie ein selbständiges Gebilde heraushebt und sich objektiv vor den Menschen hinstellt. In diesem Augenblick tritt aber auch ein Zweites ein: Er betrachtet das alles nicht nur als geschehen, sondern er stellt sich sofort als sein eigener Richter hin und sagt: Dies war gut, und jenes war nicht gut. Das kommt in dieser Schilderung ja ganz deutlich zum Ausdruck. Da tritt etwas auf, was sich der Erinnerungswelt als selbständig gegenüberstellt: Das, was wir als »Ich« bezeichnen, zeigt sich in seiner moralischen Funktion; während gewisse Tendenzen der Seele von der Erde fortstreben, fühlt das Ich die Verpflichtung und den Trieb, Unrecht wieder gutzumachen, also mit dem Erdenleben sich wieder zu verbinden.

Ein im Kriege schwer verwundeter Soldat schildert sein Erleben unmittelbar nach einer Schrapnell- und Granatexplosion folgendermaßen:

»In meinen Ohren sauste es, ich hörte nichts mehr, ich fühlte nur noch die Wärme des Blutes, das mir aus Mund und Nase floß – ein Schleier vor meinen Augen, und es war mir, als fühlte ich den Erdboden nicht mehr unter mir. Ich hatte das Gefühl, als drehte ich mich zwischen Himmel und Erde im Kreis herum, ein Gefühl, so ruhig, ganz ohne

Schmerzen schwebte ich hoch, immer höher, und dann war es mir, als fiele ich nach unten. Auf dem Gefechtsgelände lag ich ja nicht mehr – nein, ich sah und hörte da unten von den Dingen nichts. Der Zustand des so beruhigenden Gefühls zwischen Himmel und Erde, das Kreisen in der Luft, das hörte plötzlich auf, es war mir, als riß es blitzartig ab, und dann ein Nichts – ich war nicht mehr... Wie lange ich so gelegen habe, weiß ich nicht, jedenfalls erwachte ich wieder mit Bildern aus meiner Vergangenheit. Gefechte, überhaupt der ganze Frontdienst, der dem Sturm, wo ich meine Verwundungen erhielt, vorangegangen war, und nicht dies allein, die Gewaltmärsche von Gent zur Front, das Ausladen spät abends in Gent, die Reise von irgendwoher bis Gent, dies alles machte ich noch einmal mit. Die Reise durch Westfalen in kriegsweihelicher Stimmung, die Verladung unserer Truppe in Zossen – kurzum: Bilder des Miterlebens, die weit zurücklagen. Diese Eindrücke gingen bis zu meiner Konfirmation, vielleicht auch noch weiter, ich weiß es nicht mehr. Die Bilder zogen getrennt, abgerissen vorüber, und je weiter zurück sie mir erschienen, je schneller schien es mir zu gehen, blitzartig riß es auch manchmal ab. Von Sanitätern geholt, lag ich in einem kleinen Städtchen hinterm Yserkanal mit Lungen- und Handsteckschuß als nicht transportfähig.«

Ganz ähnliche Schilderungen gaben mir noch manche andere Persönlichkeiten, u. a. ein Lehrer, der als Gymnasiast dem Tode des Ertrinkens nahe war. Er sah abgerissene Bilder, die bis zur Kindheit zurückgingen. Besonders erstaunt war er, sich als etwa vierjährigen Jungen im Bilde zu sehen, wie er auf einem Jahrmarkt sich etwas kaufte, wozu er seiner Mutter das Geld entwendet hatte; diese Tatsache hatte er längst vergessen, erinnerte sich aber nachträglich an alle näheren Umstände.

Die folgende Schilderung stammt ebenfalls von einer Krankenschwester:

»Es war Spätsommer. Ich war 6 Jahre alt, hatte gerade das Schwimmen gelernt, im Rhein, an niederen Stellen. Da beschlossen an einem Sonnentage meine kleine Kameradin und ich, in den tiefen Rhein hinauszuschwimmen. Und wir erfuhren beglückt: Das Wasser trägt uns! Auf einmal aber faßte die Kameradin mich an, und wir sanken gleich unter. Erst suchten wir zusammen, dann jedes allein, an die Oberfläche zu gelangen. Ihr gelang es, sie ward herausgeholt. Ich aber war nach einer kurzen Atemnot ganz still geworden, hatte alles vergessen, war nur ganz hingenommen von dem immer wundersameren Grün des Wassers. Ich sah die Sonnenstrahlen durch das bewegte Grün zittern wie Goldfäden, sie gingen durch mich hindurch, ich lag mit ausgebreiteten Armen. Das Grüne hellte sich immer mehr, ward wie von innen heraus licht. Ich glaubte, nie Schöneres erlebt zu haben, mir war fromm zumute und heimatlich. Da schossen plötzlich Fragen in

mich ein, ich mühte mich: Was war das nur, wo bin ich, was will ich...?
Und alles wie mit einem Blitze abschneidend, erstand da unmittelbar
die Gewißheit: Nun wirst du sterben! Es war wie ein gewaltiger Aufruf,
ich ward wieder ganz ruhig, aber nun ganz aufmerksam, erwartend.
Nun ward es, als würden sich meine ganz ausgebreiteten Arme zu einem
ganz weiten O zusammenschließen, und ich schaute von außen hinein.
Und da waren auf einmal nun, weit ausgebreitet, sich rundend, Bilder
vor mir und um mich, in denen ich mich selber sah, wie ein lebendiges
Bilderbuch. Und ich durchlief es, ich möchte sagen, ich durchbetete es.
Da war zuerst der Sommer, und in ihm die Großmutter, und ihre
Herzensgüte durchdrang alles. Auch Eltern und Schwester waren wie
gegenwärtig wirklich, sie waren ganz vertraut und doch anders, so, wie
wenn die Atmosphäre mit sichtbar gewesen wäre. Dann kam die
Ostersein – der Weg ging rückwärts – und dann das letzte Weihnachten
war strahlend, mehr von innen heraus. Diese letzteren Bilder waren die
stärksten. Da kam mit einem Mal ein Stoß von außen, der Glanz
erlosch, das Bewußtsein schwand. Und ich erwachte am Ufer, erbrach
Wasser und entsetzte mich vor der grauen Welt. Obwohl die Sonne
strahlte, alles schien mir grau gegen die wundersamen Farben, vor
allem das durchlichtete Grün und Gold. Nach einigen Stunden Erholung
am Ufer konnte ich erst Freude empfinden, daß ich zurückgekommen, ging heim und verschwieg alles.«

Der englischen Admiral Beaufort schildert ein Ereignis aus
seiner Jugendzeit[51]:

»...das Boot fiel um und ich ins Wasser. Da ich nicht schwimmen
konnte, suchte ich vergeblich das Boot oder einen der anderen Kähne
zu erfassen... Bei den hastigen, aber vergeblichen Bemühungen, um
Hilfe zu rufen, hatte ich sehr viel Wasser geschluckt, und bald waren
durch die verzweifelnden Anstrengungen meine Kräfte erschöpft.
Bevor mir jemand Hilfe brachte, sank ich aller Hoffnung beraubt unter;
jede Arbeit der Muskeln hörte auf; ich fühlte mit Bestimmtheit, daß der
Tod über mich kam. So weit konnte ich mich nach meiner Rettung
entweder selbst an diese äußeren Vorgänge erinnern, oder sie wurden
durch diejenigen ergänzt, welche die Szene mit angesehen hatten. Denn
im Moment einer solchen Gefahr ist ein Ertrinkender viel zu sehr
darauf bedacht, jeden Strohhalm zu ergreifen, oder zu sehr durch den
Wechsel der Hoffnung und Verzweiflung abgezogen, als daß er die
einzelnen Vorgänge in ihrer Aufeinanderfolge mit Bestimmtheit auffassen
könnte. Ganz anders steht es um die inneren Vorgänge, welche
darauf folgten... Von dem Momente an, wo alle Bewegung der Glieder
und Muskeln aufhörte, was nach meinem Dafürhalten die unmittelbare
Wirkung der vollständigen Erstickung war, nahm die Stelle der bisheri-

---

[51] Zitiert nach Georg Friedrich Daumer: *Der Tod des Leibes – kein Tod der Seele.* Dresden 1865.

gen aufgeregten und wechselnden Empfindungen ein Gefühl vollkommener Ruhe ein; ich könnte es Apathie nennen, aber nicht Resignation, weil mir das Ertrinken nicht mehr schmerzhaft war. Ich hatte keinen Gedanken an Rettung mehr, noch empfand ich irgendein körperliches Übel; im Gegenteil waren jetzt meine Gefühle sehr angenehmer Art; sie glichen einigermaßen den dunklen, aber schönen Empfindungen, welche die Vorboten eines durch körperliche Arbeiten veranlaßten Schlafes sind. War also auch der äußere Sinn ertötet, so war es doch der Geist nicht. Seine Tätigkeit war in einer Weise lebendig, welche kaum zu beschreiben ist. Ein Gedanke jagte den andern mit einer Geschwindigkeit, welche nicht bloß unbeschreiblich, sondern für andere, die sich nicht in einer ähnlichen Lage befunden haben, auch unbegreiflich sein muß. Doch bin ich noch jetzt im Stande, diese Folge der Vorstellungen, wenigstens zum größten Teil, wiederzugeben... Tausend andere sich an das elterliche Haus anknüpfende Gedanken bildeten die erste Reihe der Vorstellungen, welche in mir lebendig waren. Darauf gestalteten sie sich zu einem weiteren Kreise; unsere letzte Fahrt, eine frühere Reise mit einem dabei erlebten Schiffbruche, meine Schulzeit, die Fortschritte, welche ich in ihr gemacht, die Zeit, welche ich nutzlos verbracht hatte, sogar alle meine Abenteuer der Knabenperiode – das alles wurde in meiner Erinnerung wach. Indem ich so immer weiter an den Anfang meines Lebens zurückging, schien mir jedes Ereignis desselben in retrograder Aufeinanderfolge wieder aufzuleben; aber nicht bloß nach den allgemeinen Begrenzungen, welche sich meinem Gedächtnis eingeprägt hatten, sondern in einem vollständig ausgeführten Gemälde, mit allen, auch den geringfügigsten Nebenumständen. *Kurz, der ganze Inhalt meines Lebens stand vor mir in einem panoramaartigen Überblicke; und jeder Teil desselben schien mir mit dem Bewußtsein von Recht oder Unrecht und mit einer Art von Überlegung der Ursachen und Folgen begleitet zu sein.* Viele unwichtige Ereignisse, welche meinem Gedächtnisse längst entschwunden waren, traten jetzt wieder vor meine Anschauung, und zwar so, als hätte ich sie erst vor kurzem erlebt...

Wie lange oder vielmehr wie kurz ich in dieser Fülle der Gedanken zubrachte, kann ich gegenwärtig nicht mehr bestimmt sagen; doch mögen kaum zwei Minuten zwischen dem Augenblick des Erstickens und der Rettung gelegen haben...

Meine Empfindungen während des Wiedererwachens waren den oben beim Ertrinken dargelegten vollkommen widersprechend. Nur der eine, aber verwirrte Gedanke, daß ich dem Wassertode nahe gewesen, erfüllte mein Bewußtsein, anstatt der vielen deutlichen und bestimmten Bilder, welche noch vor kurzem vorbeigezogen waren. Eine unbeschreibliche Angst, ein bleiernes Alpdrücken schien auf jedem Sinne zu lasten und die Entstehung jeder vernünftigen Idee zu vernichten; und nur mit Mühe gewann ich die Überzeugung, daß ich wirklich noch lebte. Während ich beim Ertrinken jedes Schmerzes ledig gewesen war, hatte ich jetzt mit vielen körperlichen Qualen zu kämpfen.«

Diese Schilderungen stimmen nicht in allen Einzelheiten überein, und ihre Unterschiede sind charakteristisch. Wo es sich um eine plötzliche Lockerung des Ätherleibes handelt, erscheint gewöhnlich der simultane Überblick, bei allmählichem Schwinden der Lebenskräfte (z.B. langsamem Verbluten) kommt es leichter zu dem allmählichen Abrollen der einzelnen Bilder, und zwar in zeitlich rückwärtiger Reihenfolge. Wichtig ist jedenfalls, daß beim Wiederkehren des völligen Bewußtseins, also bei Wiedereinsetzen der Hirnfunktion, das Lebenstableau verschwindet.[52]

### *Wiederverkörperung und Schicksal*

Auf die Frage: Was wird aus der Seele nach dem Tode? bekamen die Menschen verschiedener Zeiten Antworten, die der Weite oder Enge ihres Weltbildes entsprachen. Die indische Kulturepoche war noch ganz getragen von dem alten Weisheitslicht, das den Tod als Maja durchschaut und von der Wiederkehr der Seele in wiederholten Erdenleben weiß. Wie wir sahen, verdämmerte dieses Wissen erst in der griechisch-römischen Epoche, und nur bei den nordischen Völkern hielt es sich noch längere Zeit. Wie K. A. Eckhardt[53] an einem großen Material überzeugend nachgewiesen hat, war der Glaube an die Wiederverkörperung ursprünglich allen indogermanischen Völkern zu eigen.

Wie war es möglich, daß eine so allgemein verbreitete Anschauung in verhältnismäßig so kurzer Zeit völlig verschwinden konnte? Es wird nur verständlich, wenn man sich vergegenwärtigt, daß die Germanen erst im ersten Jahrtausend n. Chr. den Bewußtseinswandel durchmachten. Bis dahin befanden sie sich noch in einem Bewußtseinszustande, in dem das alte (atavistische) Hellsehen immerhin noch Einblicke in die Welt der Toten gewährte. So erzählt die Sage vom Goden Snorri aus dem Ende des 9. Jahrhunderts:

---

[52] Das weist darauf hin, daß das Gehirn in bezug auf die Erinnerung eine »hemmende« Funktion hat. Einerseits bewirkt es, daß unser Lebenstableau nicht dauernd vor uns steht und daß die auftretenden Erinnerungen nicht so objektiv plastisch erscheinen wie im Lebenstableau; andererseits macht es durch die Vermittlung des logischen Denkens eine Auslese aus der Flut der Erinnerungen möglich.
[53] K. A. Eckhardt: *Irdische Unsterblichkeit, germanischer Glaube an die Wiederverkörperung in der Sippe.* Weimar 1937.

»Im Herbst des gleichen Jahres fuhr Thorstein zum Fischfang. An einem Herbstabend wollte der Schafhirt Thorsteins nördlich von Heiligenberg das Vieh nach Hause treiben. Da sah er den Hügel an der Nordseite offen. Er erblickte im Hügel große Feuer und hörte aus ihm fröhlichen Lärm und Hörnerklang. Und als er genau horchte, ob er einige Worte unterscheiden könne, hörte er, wie man dort dem Thorstein Dorschbeißer und seinen Gefährten Gruß entbot und sagte, er werde bald auf dem Hochsitz gegenüber seinem Vater sitzen.

Diese Botschaft brachte der Schafhirt Thorsteins Frau Thora am Abend. Sie machte nicht viel Wesens daraus, meinte aber, es könnte vielleicht das Vorzeichen wichtigerer Ereignisse sein. Den Morgen darauf kamen Männer von der See und meldeten, daß Thorstein Dorschbeißer beim Fischfang ertrunken wäre.«

Der Hirte hatte also den Übergang der Seele seines Herrn in die Seelenwelt hellseherisch miterlebt. (Es ist kein Zufall, daß gerade der Hirte dies erleben konnte, denn diese und ähnliche naturverbundene Menschen bewahren die atavistischen Bewußtseinsformen länger als die anderen.)

Dieses noch traumhaft-primitive Bewußtsein trifft zu gleicher Zeit mit der Welt des Römertums und der des Christentums zusammen und macht dabei einen ungeheuren Verwandlungsprozeß durch: es erwacht eigentlich erst jetzt zum »Tagesbewußtsein«. (Die Germanen rechneten noch zur Zeit des Tacitus bekanntlich die Zeit nach »Nächten«.) Und wie die Traumbilder – oft schneller als uns lieb ist – im Licht des Tages verblassen, so verschwindet altes Schauen und Wissen unserer germanischen Vorfahren in verhältnismäßig kurzer Zeit, sobald sich ihre Seelen mit dem Intellektualismus des Römertums durchdringen. Nur in wenigen abgeschiedenen Winkeln haben sich atavistische Fähigkeiten bis in die jüngste Zeit erhalten.

Eigentlich selbstverständlich aber ist es, daß der Glaube an die Wiederverkörperung den christlichen Vorstellungen weichen mußte. Nur in symbolhafter Form bewahrt sich das Volk die Erinnerung daran, indem es durch die Jahrhunderte hindurch hofft, Friedrich Barbarossa werde eines Tages wiederkommen; oder indem es sich das Märchen von »Frau Holle« erzählt.

Doch das ist eben »Sage« und macht keinen Anspruch auf Gültigkeit. Diesen kann nur die Wissenschaft erheben, die in der Form der Naturwissenschaft alsbald die Alleinherrschaft antreten zu können glaubt.

Doch im Morgengrauen der naturwissenschaftlichen Epoche

leuchtet das Wissen von der Wiederverkörperung wieder auf. Giordano Bruno ist einer der ersten, die davon ergriffen werden, und er bewährt seinen Glauben in den Flammen des Scheiterhaufens. Bald darauf aber mehren sich die Zeugen der alten Wahrheit: Hume, Voltaire, Friedrich der Große, Lessing, Schiller, Fichte, Hegel, Hölderlin und schließlich Goethe und sein Kreis sprechen sie (außer vielen anderen) als persönliche Überzeugung aus. Meistens ist dabei die historische Tradition belanglos. Sie dient vielleicht als Quelle der Kenntnisnahme; keiner der neueren Zeugen aber beruft sich auf sie, sondern alle entnehmen den Beweis für die Wahrheit dieser Idee ihrer eigenen Seele: sie können *sich selbst* nur verstehen, wenn sie sich in wiederholten Erdenleben geworden denken.

Goethe kam in dieser Beziehung zu ziemlich konkreten Vorstellungen. Er erlebt in sich die Wiedergeburt einer griechischen Seele. Er fühlt den niederen Menschen in sich ersterben und einen höheren erstehen. Zwischen Vergangenheit und Zukunft erlebt er sich als ewig Werdender. Wiederverkörperung ist darum die selbstverständliche Konsequenz seines Weltbildes: »denn wenn ich bis an mein Ende rastlos wirke, so ist die Natur verpflichtet, mir eine andere Form des Daseins anzuweisen, wenn die jetzige meinen Geist nicht ferner auszuhalten vermag«.

Fichte entzündet das Bewußtsein seiner ewigen Existenz am Feuer des reinen Gedankens: »Nur die sich selbst durchaus durchsichtige und ihr ganzes Innere frei besitzende Flamme der klaren Erkenntnis verbürgt, vermittelst dieser Klarheit, ihre unveränderliche Fortdauer.« Und so sicher gegründet fühlt er sich in dem Element des Gedankens, daß er einer »unendlichen Reihe« künftiger Leben gewiß ist.

Am deutlichsten erscheint die Idee in Lessings Aufsatz: *Die Erziehung des Menschengeschlechts*. Er durchschaut, daß die Menschheitsentwicklung nicht im Weitertragen äußerer Kenntnisse und Einrichtungen besteht, sondern in der Dynamik des geistig-moralischen Werdens. Daß sich diese zunächst in der Entwicklung des *Bewußtseins* äußert, konnte er noch nicht erkennen. Aber während die meisten dieser Persönlichkeiten, wie das ja zunächst selbstverständlich ist, von ihrem persönlichen Seelenleben ausgehen und sich zu der Idee der Wiederverkörperung erheben, letzten Endes also auf einem egozentrischen Standpunkt bleiben, wird diese Idee für Lessing zum Mittel, die Entwicklung der *Menschheit* zu verstehen: er empfindet die Einzelpersönlichkeit als Träger dieser Entwicklung. Bei Lessing streift die Idee der Reinkarnation die Schalen des persönlichen Seelenlebens ab und tritt in ihrem Eigenleben hervor, ihre Wahrheit beweisend durch das Licht, das sie verbreitet. Lessing ist darum eigentlich der einzige unter diesen Denkern, der die Wiederverkörperung nicht nur als Überzeugung, sondern als Erkenntnis vertritt. Er ist in dieser Beziehung ein Vorläufer Rudolf Steiners, der den entscheidenden Schritt weiter ging: er bildete die Methoden zur Erforschung des übersinnlichen Wesens des Menschen aus; die Wiederverkörperung des Menschen ist deswegen für ihn nicht bloß eine im allgemeinen erkannte Idee, sondern eine konkret erforschbare übersinnliche Tatsache, d. h. *Wissen*.

Wiederum ist aber bemerkenswert, *in welcher Art* Rudolf Steiner sein Wissen darstellt: Er geht von der jedem Menschen zugänglichen Art der Sinnesbeobachtung aus und gestaltet die Gedanken so, daß diese selbst wie ein feines Wahrnehmungsorgan für das Übersinnliche werden. Und gerade die von der Naturwissenschaft erworbenen Begriffe werden in dieser Art über sich selbst hinausgeführt. In der kleinen Schrift *Reinkarnation und Karma, vom Standpunkt der modernen Naturwissenschaft notwendige Vorstellungen* (1903) geschieht das z. B. in folgendem Gedankengang: Wie die Naturwissenschaft erkannt hat, daß alles Lebendige nur durch Abstammung von einem Lebendigen entstehen kann, das mit ihm gleicher Art ist, so müßte ein extremes Denken zugeben, daß ein Seelisches nur aus Seelischem entstehen kann. Da aber die Seele des Menschen immer in individueller Gestalt auftritt (wie es sich in der nur dem Menschen eigentümlichen Biographie offenbart), so muß man konsequenterweise schließen: eine menschliche Biographie ist nur aus einer ihr vorangehenden zu erklären.

Steiner ist sich bewußt, daß er dabei im Gebiet des Geistigen »genau wie der Naturforscher auf dem Felde der äußeren Tatsachen verfährt«. Aber er weiß andererseits, daß er als Geisteswissenschaftler es nicht etwa nötig hat, den Begriff der Entwicklung von der Naturwissenschaft zu entlehnen, sondern im Gegenteil: »Nur der hat ein inneres Recht, im Gebiet der äußeren Natur von Entwicklung zu reden, der diese Entwicklung auch im Geistig-Seelischen anerkennt.« Der Anspruch auf Autonomie der Geisteswissenschaft ist damit unmißverständlich zum Ausdruck gebracht.

Daß ihm diese nicht bloß Ziel, sondern Erkenntnisinstrument war, zeigte er in den folgenden Jahrzehnten, indem er den Zusammenhang des Menschen mit den übersinnlichen Welten und den Weg der Seele durch dieselben nach dem Tode bis zu einer neuen Verkörperung schilderte. Er zeigte dabei, daß die Idee der Metamorphose hier erst ihre volle Bedeutung offenbart, weil auf dem Wege von einer Verkörperung zur anderen das Geistig-Seelische des einen Lebens zur Ursache für die Leibesgestaltung des folgenden Lebens wird.

Das Wesentliche aus einer schier unübersehbaren Fülle von Angaben ist von G. Wachsmuth in seinem Buche *Die Reinkarnation des Menschen als Phänomen der Metamorphose* systematisch dargestellt. Durch die Idee der Metamorphose wird der menschliche Organismus gewissermaßen durchsichtig: Das Kompakt-Räumliche wird als Ausdruck einer in der Zeit ablaufenden geistig-seelisch-körperlichen Verwandlung durchschaubar. Und wie es eine fundamentale Errungenschaft der Medizin war, daß sie die einzelnen Symptome als Ausdruck von Krankheiten erkennen lernte, so wird eine künftige Medizin sich der Konsequenz nicht entziehen können: die Leiblichkeit mit allen ihren Eigentümlichkeiten und Krankheiten wiederum als Symptom für die Entwicklungsgeschichte der Individualität durchschauen zu lernen. Gewiß, ein fernes Ziel! Aber wiederum muß man sagen: Die Angaben Rudolf Steiners sind so konkret – man versuche daraufhin das Geistige und das Leibliche des Patienten zusammenzuschauen, und man wird sehen, daß dies ein für den Arzt sehr fruchtbarer Erkenntnisweg ist.


In drei Epochen verläuft die Bewußtseinsentwicklung der europäischen Menschheit. In der Vorzeit lebte sie in einem traumhaften *Gruppenbewußtsein*, das noch von der Wiederverkörperung weiß, wenn auch in nicht ganz richtiger Form.[54]

---

[54] Nicht ganz richtig ist die germanische Anschauung, weil sie mit viel zu kurzen Intervallen zwischen den Verkörperungen und anscheinend mit Wiederverkörperung ausschließlich in derselben Sippe rechnet. Die von Eckhardt für diese Auffassung angegebenen Gründe (hauptsächlich die Sitte der Namensgebung, die für die Neugeborenen den Namen verstorbener Vorfahren wählte) machen seine Annahme sehr plausibel. Nach R. Steiners Angaben liegt zwischen zwei Verkörperungen im allgemeinen ein Zeitraum von rund 1000 bis 1100 Jahren (vgl. *Die Geheimwissenschaft*, letztes Kapitel). In diesem Buch führt er auch aus, daß sich die Menschen einer fernen Vergangenheit mit ihren Vorfahren durch ein Gruppen-Ich verbunden fühlten. Im Laufe der Generationen verlor sich dieses gemeinsame Be-

Die zweite Epoche führt zur Herausbildung des auf die Grenzen von Geburt und Tod beschränkten *Persönlichkeitsbewußtseins*, dem das Wissen von der Wiederverkörperung verlorengeht.

Die dritte Epoche beginnt in ihren Vorläufern da, wo aus dem individuellen Bewußtsein wiederum das Wissen von der geistigen Welt und die Überzeugung von der Wiederverkörperung ersteht. Heute braucht die Idee der Wiederverkörperung nicht mehr bloß Überzeugung, sie kann *Erkenntnis* sein.

### Das »Ich« als Wesenskern und Ganzheitsfunktion

Durch das Ferment des Todes entwickelt sich das Seelenleben auf dem Untergrunde der Leiblichkeit. Aus dem kosmisch-jugendlichen Bildekräfteleib entsteht im Laufe des Lebens die Welt der Gedächtnisbilder. Aber diese ist nicht imstande, eine Leiblichkeit zu erhalten, geschweige denn sie aufzubauen; verdankt sie doch gerade der Zerstörung der Leiblichkeit ihr Dasein. Die seelische Innenwelt (wovon ja das Gedächtnis nur der gewissermaßen materiellste Teil ist) hat sich im Laufe ihrer Entwicklung aus dem Zusammenhang mit dem Kosmos immer mehr herausgelöst. Sie müßte nach dem Verlassen der Leiblichkeit in ewiger Abgeschlossenheit vom Kosmos verharren, gäbe es für sie keine Möglichkeit der Verwandlung.

Oder wäre es denkbar, daß die Seele sich im Kosmos auflösen könnte? Mir scheint, daß ein an der Naturbeobachtung geschultes Denken sich zu dieser Annahme nicht bequemen kann.

Seit Julius Robert Mayers Entdeckung des Gesetzes von der Erhaltung der Energie wissen wir, daß im Gebiet der physikalischen Kräfte sich fortwährend eine Verwandlung von einer Energieform in eine andere vollzieht: Bewegung wird in Wär-

---

wußtsein in der Weise, daß die Erinnerung immer weniger weit zurückreichte. »In den Zuständen von Schlafähnlichkeit nur, in denen die Menschen mit der geistigen Welt in Berührung kamen, tauchte nun die Erinnerung an diesen oder jenen Vorfahren wieder auf. Die Menschen hielten sich dann wohl auch für eins mit diesem Vorfahren, den sie in ihnen wiedererschienen glaubten. Das war eine irrtümliche Idee von der Wiederverkörperung, welche namentlich in der letzten atlantischen Zeit auftauchte«. – Ähnliche Erlebnisse scheinen bei den Germanen die Veranlassung zu ihren Anschauungen gewesen zu sein. – Vgl. auch Ernst Uehli: *Atlantis und das Rätsel der Eiszeitkunst.* 2. Auflage, Stuttgart 1970.

me oder in Elektrizität, diese in Wärme, Bewegung oder Licht usw. verwandelt. Auch wo dem oberflächlichen Blick Energie verlorenzugehen scheint, weist die genauere Bobachtung nach, daß dies nicht der Fall ist: immer findet nur Verwandlung statt. Der ganze Kosmos bildet das »Ganze«, in dem die wahrnehmbaren Energien erhalten bleiben.

Auf dem Gebiete des Lebens ist ähnliches zu beobachten. Auch hier finden wir Verwandlung, aber nur innerhalb der biologischen Ganzheit. Man kann eine Pflanze oder ein Tier durch Züchtung verändern, aber nur in den Grenzen, die durch die Erhaltung der Ganzheit, der »Art«, gegeben sind. So kann man bei Kühen durch Züchtung die Milchproduktion bis zu einer fast unglaublichen Höhe steigern; aber es zeigt sich, daß diese Tiere an einer erhöhten Anfälligkeit gegen Tuberkulose leiden. Mit anderen Worten: der Züchter kann die Kräfte innerhalb der biologischen Ganzheit wohl verschieben, aber weil dadurch in einem Organ eine gesteigerte Funktion auftritt, muß ein anderes Mangel leiden. Ähnliche Beispiele ließen sich viele beibringen. Wir sehen also: die biologischen Vorgänge vollziehen sich innerhalb einer Ganzheit, in der das Maß der biologischen Kräfte konstant bleibt. Die Steigerung *einer* Funktion geschieht auf Kosten einer anderen.

Beim Menschen dagegen liegt etwas Neues vor: ein Teil der Bildekräfte wird in den Bereich des Seelischen heraufgehoben. Das aber würde noch nicht genügen, dieses Seelische auch zu einer Ganzheit zu gestalten. Das Gedächtnis z. B. zeigt deutlich zwei verschiedene Seiten: eine unwillkürliche – es fällt uns etwas ein – und eine willkürliche: wir rufen etwas in der Erinnerung wach; und wir üben das Gedächtnis, wenn uns dies nicht in dem notwendigen Maße gelingt. Das unwillkürliche Gedächtnis beruht auf Anlage und scheint in demselben Maße zurückzugehen, als der Mensch seinen Intellekt ausbildet. Mit anderen Worten: das unwillkürlich sich entwickelnde Seelenleben bildet (wenigstens heute) aus seinen eigenen Kräften keine Ganzheit mehr; wir müssen vom »Ich« aus mit dem Willen eingreifen, wenn etwas Rechtes zustande kommen soll.

Dasselbe gilt natürlich für das Denken; das bloße Aneinanderreihen von Einfällen ist noch kein Denken – genausowenig wie ein Five-o-clock-tea eine philosophische Akademie ist. Und ebenso gilt es für das gesamte Seelenleben: alles Unwillkürliche, Unbewußte versagt heute mehr und mehr; das »Ich« muß eingreifen, wenn das Seelenleben zu einer Ganzheit gestaltet werden soll. Nicht eine Abstraktion ist das »Ich«, als welche es so manche Philosophen und Psychologen gern hinstellen möchten, sondern das *Kraftzentrum*, von dem die Gestaltung des Seelenlebens zur Ganzheit ausgeht; ein geistiger Keim, der auf der Grundlage des absterbenden Organismus zum »geistigen Menschen« heranwächst.

Wie der Bildekräfteleib für den physischen Organismus das Ganzmachende ist, so ist es das »Ich« für die Seele. Ohne das Eingreifen des »Ich« neigt die Seele zum Verfall, wie es der physische Leib tut, wenn der Bildekräfteleib ihn nicht mehr zusammenhält. Nur eine vom »*Ich*« durchkraftete Seele kann sich Ziele setzen, Energie aufwenden, Lebenserfahrung sammeln, Fähigkeiten entwickeln und endlich Lebensreife erwerben. Nur eine vom »Ich« durchkraftete Seele kann gesund sein.

Für die zielvolle Entwicklung des Seelenlebens spielt gewiß das Gedächtnis eine große Rolle; eine ebenso große aber spielt das Vergessen. Man bedenke, wie viele Einzelheiten man sich einprägen muß, um Schreiben oder irgendeine andere Fähigkeit zu erlernen. Aber solange man die Einzelheiten im Bewußtsein hat, kann sich die Fähigkeit nicht entwickeln. Dazu ist notwendig, daß die Einzelheiten innerlich verschmelzen, in gewisser Weise eine neue »Ganzheit« bilden – denn durch jede neu erworbene Fähigkeit (Erlernung einer neuen Sprache; technische, künstlerische Fähigkeiten) bildet der Mensch in sich gewissermaßen einen neuen Menschen aus. Was der Protist auf biologischem Gebiete kann: sich vervielfachen, das kann der Mensch im Seelischen.

Dazu bedarf es der bewußten Arbeit als Grundlage, aber die eigentliche Entwicklung der Fähigkeiten vollzieht sich, wie alle Bildeprozesse, ohne das Licht des Bewußtseins: während des Schlafes. In jeder Nacht vergessen wir eine Unmenge von Einzelheiten: sie unterliegen einem Verwandlungsprozeß, der sie zu Fähigkeiten verschmilzt. Alle rein menschlichen Fähigkeiten werden nicht vererbt, sondern müssen vom Menschen durch Übung erworben werden. Sie bilden – der Widerspruch ist nur scheinbar – Teil-Ganzheiten, und was wir »Persönlichkeit« nennen, ist die aus ihnen zusammengesetzte, umfassende Ganzheit. Allerdings: sie ist nur die »persona«, die »Maske«; denn der wirkliche Mensch ist erst die von einem *Ich* erfüllte Persönlichkeit. Von dem »Ich« gehen die Kräfte der Verwandlung aus; es ist Ausgangspunkt und Ziel der Entwicklung im Seelenleben.

Dieses metamorphosierende Eingreifen in das Seelenleben kann das »Ich« nur während des Schlafes ausführen. Dann ist es sich seiner selbst zwar nicht bewußt, weil es sich nicht am Organismus spiegelt, aber eben deswegen kann es die einzelnen Bewußtseinselemente tiefer in die Region des Bildekräfteleibes eintauchen und dadurch in Ganzheiten verwandeln.

Während des Wachens verbindet sich das »Ich« mit den Bewußtseinsorganen; es entwickelt das differenzierende, analytische Bewußtsein. Im Schlaf verbindet es sich mit den aufbauenden, ganzmachenden Kräften des Bildekräfteleibes. Erst durch die Wechselwirkung des »Ich« in beiden Bewußtseinszuständen ist die Entwicklung des Seelenlebens möglich. Das *Ich* gestaltet Wach- und Schlafleben zur *Ganzheit der menschlichen Individualität*, wie sie im Lebenslauf ihre zeitliche Darstellung findet. Das »Ich« ist der »Architekt« des Seelenlebens, wie der Bildekräfteleib der »Architekt« des physischen Organismus ist. Und wie der Bildekräfteleib einen Organismus derselben Art hervorbringt (der deswegen auch den Gesetzen der Vererbung unterliegt), so bringt das »Ich« einen nur ihm eigentümlichen Seelenorganismus hervor; der Bildekräfteleib wirkt artgemäß, das »Ich« bewirkt Eigenart.

Das »Ich« ist also umfassender als das Ich-Bewußtsein, denn dieses beruht nur auf den Abbauvorgängen im Organismus. Das »Ich« dagegen umfaßt als der reale Wesenskern des Menschen sowohl Aufbau wie Abbau. Aber es kann beide nicht von sich aus bewirken. Von Mächten, die seinem Bewußtsein zunächst entzogen sind, wird es in die Verkörperung geleitet; eines Tages sagt es in einem kindlichen Organismus: »Ich bin.« Aber schon längst hat es an diesem Organismus von innen her gearbeitet, und immer stärker macht es jetzt diesen Organismus zu einem Ausdruck seines Wesens. Doch die Kräfte der Vererbung leisten Widerstand, und nur zu einem bescheidenen Teil kann das »Ich« im Aufbauprozeß den Organismus für sich erobern. Doch was ihm im Aufbauprozeß versagt ist, gelingt ihm im Abbau. Der Todesprozeß ist wirklich der »Pate«, der das junge Ich zu einem »großen Manne« macht – groß zunächst im Zerstören der Natur und seiner selbst!

Die Griechen nannten den Schlaf den Bruder des Todes – gewiß nicht nur wegen der Ähnlichkeiten der äußeren Erscheinung. Denn der Vergleich gilt auch im positiven Sinne: wie nur der Schlaf imstande ist, die einzelnen Tageserlebnisse zu Fähigkeiten zu verschmelzen, so kann das Ergebnis eines Lebens nur durch den Tod und das daran anschließende Leben in der geistigen Welt in eine neue, lebensfähige Organisation umgewandelt werden.

Die Tendenz zu einer solchen Umgestaltung zeigt sich ja schon in den Lebenspanorama-Erlebnissen: das Ich nimmt dabei seinem eigenen Leben gegenüber einen geistig-moralischen Standpunkt ein; es kann die egozentrischen Gesichtspunkte des irdischen Lebens nicht aufrecht erhalten, weil es sich jetzt von einer geistigen Welt mit geistig-moralischen Gesetzen umgeben fühlt. Und wie es im irdischen Leben sich diejenigen Fähigkeiten aneignet, die für dieses Leben passen, so hat es nach dem Tode das intensivste Bedürfnis, das ganze Lebensresultat in dem Sinne umzugestalten, der sich aus der Wahrnehmung der Gesetzmäßigkeiten der geistigen Welt ergibt.

Da nach dem Tode die Einschläge des Tagesbewußtseins wegfallen, so kann die Umgestaltung der Seele in einem viel intensiveren Maße vor sich gehen, als es während des Lebens möglich ist. Und wie wir während des Schlafes vieles vergessen müssen, um Neues zu erwerben, so vergessen wir nach dem Tode alles, was die Seele nur der sinnlichen Wahrnehmung der Welt verdankt. Wir erwerben nach dem Tode nicht neue Fähigkeiten, sondern alle Erlebnisse, die das Ich angesichts der geistigen Welt billigen kann, werden von ihm so stark innerlich assimiliert, daß es ganz eins mit ihnen wird; diejenigen Taten und Erlebnisse dagegen, die von den Gesetzen der geistigen Welt zurückgewiesen werden, erzeugen im Ich den starken Impuls, sie dort umzuwandeln, wo diese Umwandlung einzig und allein geschehen kann: in der irdischen Welt.

Wenn sich so der geistig-seelische Mikrokosmos am geistig-seelischen Makrokosmos erlebt, veranlagt sich diejenige Beziehung zwischen beiden, die dann im Erdenleben als »Schicksal« in die Erscheinung tritt. Aus der überschauenden Einsicht in die Weltnotwendigkeiten bejaht das Ich auch ein solches Schicksal, das es später aus der Begrenztheit des irdischen Bewußtseins heraus vielleicht als schwer empfindet. Aber es taucht ja während der Verkörperung in die Bewußtseinsverdunkelung ein, die es uns ermöglicht, die notwendigen Schicksalsbegegnungen und Schicksalsschläge überhaupt aufsuchen und erleben zu können. Wie vieles, das uns schwerste und darum wichtigste Erlebnisse gebracht hat, haben wir nicht unter ganz anderen Aspekten begonnen, als es dann später geworden ist!

Allzu leicht neigt man dazu, sich über sein Schicksal zu beklagen. Hat man aber einmal eingesehen, daß das Wesen des Menschen nicht im Biologischen erschöpft ist, sondern daß das menschliche Ich sich ohne Schicksal überhaupt nicht entwikkeln könnte, so wird man das Murren gegen das Schicksal allmählich aufzugeben lernen und dann erfahren, daß die Kräfte zur Überwindung der Lebensschwierigkeiten dadurch wachsen, weil man nicht mehr gegen sich selbst kämpft.

Auch das schwere Schicksal haben wir gesucht, um diejenigen Kräfte zu entwickeln, die uns bisher fehlten. Daß sie uns fehlten, zeigen eben die Taten, durch die wir selbst das Schicksal herbeiführten. Die positive Stellung zu unserem Schicksal führt allmählich zu einer vertieften Selbsterkenntnis und zum Verständnis unserer eigenen Vergangenheit.

Wie im Makrokosmos das Gesetz gilt, daß keine Energie verloren geht, sondern immer nur der Verwandlung unterliegt, so gilt dies in einem höheren Sinne für den Mikrokosmos Mensch: keine Arbeit und keine Mühe, selbst die scheinbar fruchtlose, geht in Wirklichkeit verloren; alles bleibt in verwandelter Gestalt erhalten und wird schließlich zum eigenen Wesen des »Ich«.

Vom »Ich« geht die die Gegensätze der sinnlichen Erscheinungswelt umfassende Ganzheitsfunktion in Wachen und Schlafen, in Erinnern und Vergessen, in Leben und Tod aus.

Leben und Tod – scheinbar unversöhnliche Gegensätze, Spiel einander feindlicher Mächte! Und doch reichen diese Mächte hinter der Oberfläche der Erscheinungswelt einander die Hände, um durch Geburten und Tode ihren Erstling zu tragen: das Menschen-Ich!

Ein Kind wird geboren. Den Leib schufen die in der Generationsreihe wirksamen, weisheitsvollen Bildekräfte. Aus der geistigen Welt senkt sich das Ich zur neuen Verkörperung herab. Es will den Leib ergreifen, der doch noch ein so ungefüges Werkzeug ist. Mit dem ersten Atemzug, dessen

Zustandekommen der Physiologie immer noch ein Rätsel ist, berührt die Seele durch das Medium der Luft die Leiblichkeit und schwingt mit dem Rhythmus der Atmung sich allmählich tiefer und tiefer hinein, bis in der Mitte des Lebens auch die größte Atemtiefe erreicht ist, und nun, wie im Spiegelbild der ersten Lebenshälfte, das Atemvolumen allmählich wieder kleiner wird.

Aber Atmen ist noch nicht Gedeihen. Licht muß die Wiege umspielen, wenn das Kind sich wirklich verkörpern soll; im Nordzimmer müßte es erkranken. Bis in die Knochen hinein wirken die Kräfte des Lichtes; ohne ihre formende Gewalt bleiben sie weich und entarten. Der ganze Organismus wird vom Licht durchgestaltet und so gestaltet, daß eines Tages der Mensch in diesem Leibe sagt: »Ich bin ein Ich.« An seinem Leibe erwacht er zur Erkenntnis seines geistigen Wesens. Denn wie der Mensch sein Seelenleben vom Ich aus durchformt, so durchformt das Licht den Leib. Und mit den Strahlen des Lichtes schwebt das Ich heran an die kindliche Leiblichkeit, diese sich zum Ebenbilde gestaltend. Schöpfungsgeheimnisse wiederholen sich im Entstehen und Werden eines jeden Menschenleibes. Und wenn das Ich mit den Strahlen des Lichtes den Leib sich zum Abbild gestaltet hat, dann erst kann es mit diesem Abbilde sich vereinigen und aus dem Leibe heraus sein Wesen aussprechen: »Ich bin ein Ich.«

Von diesem Moment an schaut das Ich aus dem Leibe heraus die Offenbarungen des Lichtes in der Welt draußen an. In geheimnisvoller Weise vereinigt es, was das Licht als Farben und Schatten über die Erde verbreitet, mit seinen eigenen Bildekräften und webt daraus sein Gedächtnis. Und wenn das Lichtgewebe fertig ist, entschlüpft es der toten irdischen Leiblichkeit und bildet nunmehr die Gedächtnis-Bilder-Hülle für das Ich, das in ihr das Panorama seines Lebens schaut.

Wiederum beginnt nun, wie wenn die Raupe sich verpuppt, ein weisheitsvoller Einschmelzungsprozeß. Aus dem Lichtgewebe wird als Schlacke ausgeschieden, was nur Schatten der irdischen Welt war, was das Ich noch nicht aus seinen Kräften mitgestalten konnte. Bilder verschmelzen nun, und was das Ich als geistiges Erträgnis aus diesem Leben mitnimmt, das kann es jetzt als reine Lichtsubstanz mit seinem innersten Wesen vereinigen.

Bis, nach Ablauf eines Weltentages, es wiederum den Mächten anvertraut wird, die es auf den Strahlen des Lichtes heruntertragen in die Region des Irdischen.

Ein Kind wird geboren. Und wenn es sich seines Ursprungs im Lichte erinnert, wird sich ihm eines Tages offenbaren, welch tiefe, Geburt und Tod umfassende Wahrheit in dem Worte liegt: »Ich bin das Licht der Welt.«

## *Selbstmord und vorzeitiger Tod*

Keinen größeren Gegensatz zu solch einer Auffassung des Lebens kann es geben als die Tatsache des Selbstmordes. Jahr um Jahr gehen Tausende diesen dunklen Weg, in dem Irrglauben befangen, sie könnten durch Vernichtung der Leiblichkeit auch ihre geistige Existenz auslöschen. Begreiflich, daß dieser Irrtum erst in der griechisch-römischen Zeit eine solche Verbreitung gewann, daß Philosophen und Gesetzgeber auf Abhilfe sannen, und daß er im letzten Jahrhundert erschreckende Ausmaße angenommen hat. Wer unvoreingenommen die von Jahr zu Jahr steigende Selbstmord-Kurve betrachtet, wird sich dem Eindruck nicht entziehen können: diese Kurve ist die geistige Bilanz des Materialismus. Für die Seelen früherer Kulturen konnte der Selbstmord nicht dieselbe Bedeutung haben wie in der Jetztzeit. Das Ich war noch nicht so stark inkarniert wie heute, und wenn es vorzeitig die Leiblichkeit ablegte, so konnte es die Folgen seiner Tat in der geistigen Welt nur in ähnlicher Art erleben, wie dies etwa der Fall sein mag, wenn ein verängstigtes Kind diese Verzweiflungstat begeht.

Heute aber ist der Selbstmord in den allermeisten Fällen die Konsequenz einer Weltanschauung, für die das Leben zwischen Geburt und Tod das einzige ist. Und wenn ein in dieser Anschauung befangener Mensch vielleicht das Einzige verliert, was ihm in der Welt Freude machte, sei es Vermögen, Ehre oder Liebe, wenn in Zeiten wirtschaftlicher Depression die Zahl der Selbstmorde ansteigt, so finden wir das psychologisch begreiflich.

Und so mag es unzählige Fälle geben, die infolge zertrümmerter Hoffnungen oder unheilbarer Leiden, in aussichtslosen Lebensschwierigkeiten diesen Weg gehen, bei denen wir, unter den bei ihnen vorliegenden psychologischen Bedingungen, einen solchen Entschluß verständlich finden.

Aber täuschen wir uns nicht: Unzählige Fälle bleiben uns ein

Rätsel; sie nehmen ihr letztes Geheimnis mit ins Grab. Wie wenig kommen wir mit unseren wissenschaftlichen Methoden an das heran, was in diesen Seelen vor sich geht! Die Statistik weist z. B. nach, daß die Zahl der Selbstmorde in den Frühlingsmonaten zunimmt, so daß sie im Juni in den meisten Ländern etwa doppelt so hoch ist wie im Dezember und Januar. Vom Sommer bis zum Winter sinkt die Selbstmord-Ziffer wieder regelmäßig jedes Jahr ab und erreicht um Weihnachten ihr Minimum. Also gerade die wirtschaftlich schwierigere, die dunkle und unfreundliche Jahreszeit weist die wenigsten Selbstmorde auf! Und wenn die Tage heller werden, wenn die Sonne wärmer scheint und die Menschen aufatmen, dann schleichen sich jahrein jahraus viele davon, die es den Winter über ausgehalten haben.

Offenbar muß hier die Psychologie des Oberflächen-Bewußtseins versagen. Wenn wir aber von derselben Statistik hören, daß denselben Verlauf wie die Selbstmord-Kurve auch die der Konzeptionen und der Sexualverbrechen aufweist, so führt das zu der Vermutung: daß es bei vielen dieser Unglücklichen Konflikte mit der Triebnatur in sich waren, die zum Selbstmord trieben. Nicht auf äußere Schwierigkeiten weist die »Frühjahrskurve« hin, sondern auf innere, vielleicht nie ausgesprochene, ja vielleicht nie bewußt gewordene.

Auf den Urgegensatz im Menschen weist diese Erscheinung hin: den zwischen der Triebnatur und dem bewußten Ich. Im Frühling werden alle biologischen Prozesse lebendiger, die Triebnatur wird gesteigert; das Bewußtsein dagegen hat es schwieriger, sich zu behaupten, das Ich ist weniger wach. Die allgemein beobachtete Frühjahrsmüdigkeit, das Absinken der Leistungen in der Schule sind Folgen dieser Verschiebung im biologischen Gleichgewicht. Aber daraus könnte ja auch an sich ein behaglicher Traumzustand folgen, wie wir ihn bei Gesunden im Frühjahr oder als Folge der Mittagshitze finden. Was treibt aber die Menschen gerade im Frühjahr zum Selbstmord?

Nach meinen Beobachtungen sind es besonders Menschen mit einem starken Blutsprozeß, die »Vollblütigen«, die in dieser Beziehung am meisten gefährdet sind. Denn, wie wir schon oben sahen: Das Ich kann sich des Blutes nur insofern als Instrument bedienen, als dieses abgebaut wird. Besteht im Blutsprozeß nun kein Gleichgewicht, weil der Aufbauprozeß überwiegt, so muß das Ich sich dauernd gegen diesen wehren.

Im Seelischen äußert sich dieses Ankämpfen gegen den eigenen Blutprozeß als Tendenz, sich überhaupt zu vernichten. Und weil diese Menschen innerlich gegen ihren Blutprozeß ankämpfen, neigen viele von ihnen dazu, sich die Adern aufzuschneiden. Erkennt man den Zustand rechtzeitig und läßt den Patienten zur Ader, so ist ihnen oftmals schon geholfen.

Aber auch dies gilt nicht allgemein. Es gibt viele Menschen, die (besonders im Frühjahr) an Depression infolge Blutüberfüllung leiden, ohne daß sie deswegen Selbstmordneigung zeigen. Es ist eben nur die Depression physiologisch bedingt; die Selbstmordneigung ist eine individuelle seelische Reaktion auf die Störung des physiologischen Gleichgewichts.

Herbst und Winter dagegen sind die für die Entwicklung des Geisteslebens günstigen Jahreszeiten. Und nicht zufällig hat man die Geburt des Geisteskindes, des Ich, in die Weihnachtszeit verlegt. Mag auch das heutige Bewußtsein von all dem nichts wissen – in den unterbewußten Tiefen wird es doch von der Wirklichkeit der geistigen Geschehnisse im Jahreslauf berührt und in seinen Willensentschlüssen beeinflußt.

Haben wir es in dieser ersten Gruppe mit Seelen zu tun, die gewissermaßen zu tief in die Leiblichkeit eintauchen, so daß durch die biologischen Prozesse ihnen das Bewußtsein von ihrer ewigen Existenz verdunkelt wird, so gibt es andererseits zahlreiche Menschen, auf die das Gegenteil zutrifft: sie können sich nicht stark genug mit ihrer Leiblichkeit verbinden bzw. eine unbewußte Abneigung gegen das Leben auf der Erde hindert sie daran. Oft sind es fein empfindende, geistig strebende und künstlerisch begabte Menschen. Sie können sogar überzeugt sein, daß der Tod kein wirkliches Ende bedeutet, und sie verlassen doch die Erde, weil sie glauben, durch das »Leben im Geiste« sich schneller entwickeln zu können. Diese Menschen zeigen trotz allen geistigen Strebens eine gewisse schwärmerische Oberflächlichkeit. Es ist dieselbe Seelenart, wie sie bei gewissen Naturwissenschaftern als Tendenz zur Grenzverwischung auftritt. Und wie wir dort ein unklares und gefühlsmäßiges Streben zur Einheit beobachtet haben, so ist es auch bei dieser Art von Selbstmördern zu finden: sie wollen in dem Geistigen unmittelbar aufgehen. – Oftmals wollen sie mit ihrem Tod ein »Opfer« bringen, ohne zu ahnen, daß das Gegenteil der Fall ist: sie selber sind das Opfer ihrer Illusionen.

Man steht oft erschüttert vor solchen Schicksalen, weil man weiß: Diese Seelen gehen einen Irrweg. Und doch konnte man sie nicht zurückhalten, weil die Mächte der Illusion zu stark waren. An dieser Stelle sei erwähnt, daß man überhaupt bei vielen Selbstmördern den Eindruck hat, daß es gar nicht die von ihnen angegebenen, in *diesem* Leben liegenden Ursachen sind, die sie in den Tod trieben, sondern tiefer im Unterbewußtsein liegende Widersprüche in ihrem Wesen. Geht man auf die Biographie solcher Menschen ein, so findet man die »Zweiseelen-Natur« bei ihnen stärker ausgeprägt als bei anderen. Sie zeigen dadurch etwas Unberechenbares: sie können mal »so« und mal »so« sein. Mit allgemeinen psychiatrischen Definitionen ist hier nichts erklärt. Letzten Endes wird man solche Menschen nur wirklich verstehen können, wenn es einem gelingt, die Widersprüche in ihrem Wesen als Nachwirkungen früherer Erdenleben zu begreifen. Vielfach wollen sich diese Menschen bestrafen für vermeintliche Vergehen, die nicht der Rede wert sind. Man versucht ihnen das Unsinnige ihrer Vorstellungen klar zu machen, aber man stößt auf ihren heftigen Widerstand. Diese »Tendenz zur Selbstbestrafung« ist sehr ernst zu nehmen, weil sie oft zum Selbstmord führt.

Nun liegen selbstverständlich bei jedem Menschen solche Nachwirkungen früherer Erdenleben vor, aber es ist doch ein großer Unterschied, ob ein Mensch eine »geschlossene Persönlichkeit« darstellt oder ob er einander so sehr widersprechende Elemente enthält, daß er zwiespältig erscheint. Ist das letztere in besonders hohem Maße der Fall, so kann man geradezu von einem »Doppelgänger« sprechen, an dem solche Menschen leiden. In der Literatur spielt dieser Begriff ja schon eine große Rolle. Hier kann ich allerdings nicht näher darauf eingehen; dies soll später an anderer Stelle geschehen.

Albert Steffen hat in seinem Roman *Sucher nach sich selbst*[55] einen solchen Fall geschildert, einen Kunsthistoriker, der mit seiner ganzen Seele der ostasiatischen Kunst zugewandt ist. Diese Neigung beruht, wie sich aus der Schilderung ergibt, auf einem zu starken Fortwirken einer früheren Inkarnation in seiner Seele. Die damit zusammenhängende Zwiespältigkeit seiner Seele bringt ihn zu so tiefer Verachtung der ganzen abendländischen Zivilisation, daß er sich schließlich das Leben nimmt. Die geniale Darstellung dieses weltabgewandten Sonderlings und seiner schicksalsmäßigen Verflochtenheit mit anderen Seelen bietet so viele Einblicke in die Untergründe der

---

[55] 2. Auflage, Dornach 1977.

heutigen Seelentragik, daß ich an dieser Stelle eindringlich darauf hinweisen möchte.

Aus dieser Schilderung wird auch deutlich – und wer unbefangen solche Schicksale verfolgt, wird die Richtigkeit von Albert Steffens Schilderung bestätigen können –, daß der Selbstmörder sich keineswegs aus dem Dasein »ausgeschaltet« hat, sondern daß zerstörende seelische Wirkungen von ihm ausgehen.

Er hat ein schweres Schicksal nicht tragen wollen. Aber es scheint hier etwas Analoges zu gelten wie auf physikalischem und biologischem Gebiet: etwas Wirkliches kann nicht verschwinden, es kann nur metamorphosiert werden. Und solange der Mensch auf Erden lebt, kann er immer etwas verwandeln. Wie starke Kräfte gehen von Menschen aus, die ein schweres Leiden in Geduld tragen! Wir fühlen uns durch sie gestärkt, weil sie uns den Sieg des Geistes vorleben. Ich erinnere mich mit Dankbarkeit eines Kranken, den ein bösartiges Gelenkleiden nicht nur der Beweglichkeit der Arme und Beine, sondern zuletzt auch der des Kopfes beraubt hatte. Und doch wurde er täglich von vielen Leidenden und Trostbedürftigen aufgesucht, weil er sich in seinem Leiden die völlige geistige Freiheit – die sich in seinem unverwüstlichen Humor äußerte – bewahrt hatte. Das eigentliche Tragische aber an dem Zustand des Selbstmörders ist, daß er sich durch seine Tat völlig seiner Freiheit beraubt hat. Denn jene ging hervor aus der falschen Voraussetzung, daß mit der Zerstörung des Leibes auch der Geist vernichtet sei. Deswegen muß gleich nach dem Tode bei ihm der intensivste Wunsch entstehen, die Tat ungeschehen zu machen. Dazu müßte er aber in die irdische Welt zurückkehren. Wir begreifen so die Angabe Rudolf Steiners, daß der Selbstmörder nach dem Tode gerade dadurch leidet, daß er von einer heftigen Sehnsucht nach seiner irdischen Leiblichkeit gequält wird. Diese dauert so lange, als der Ätherleib (den er ja durch seine Tat nicht zerstören konnte) normalerweise den physischen Leib noch hätte erhalten können. Was Rudolf Steiner als erschütterndes Ergebnis seiner Geistesforschung mitteilt, kennen Dichtung und Volkstradition in tausendfachen Schilderungen.

Es kann an dieser Stelle nicht auf das weitere Schicksal dieser Seelen eingegangen werden. Ganz gewiß aber wäre es falsch, sie als »nichtexistent« zu betrachten; man würde dann demselben Irrtum unterliegen, der ihnen zum Verhängnis wurde. Und noch dringender als andere Verstorbene brauchen diese Seelen das herzliche Gedenken der Lebenden[56]. Aber es wäre zu wenig und sogar falsch, wollte man sich damit begnügen. Denn wir dürfen den Ernst der Lage nicht verkennen, der sich in der von Jahr zu Jahr ansteigenden Selbstmordkurve offenbart. Eine wirksame Vorbeugung kann auf diesem Gebiete, wie auch sonst, nur aus einer richtigen Erkenntnis der Ursachen folgen. Daß diese Ursachen im weiteren Sinne eine Folge der materialistischen Weltanschauung sind, sollte aus den angegebenen Zusammenhängen hervorgehen. Man darf aber dabei nicht den Fehler begehen, den Materialismus ausschließlich dort zu suchen, wo er sich als Weltanschauung kundgibt, denn dann kann man irrtümerlicherweise sogar glauben, er sei überwunden. Wir stehen heute vielmehr in der zweiten Phase des Materialismus, wo er sich selbst als überwunden erklärt, während er sich längst in die angewandten Wissenschaften und in die Lebenspraxis eingeschlichen hat. Ihn hier zu durchschauen ist viel schwieriger, für die Lebenspraxis aber um so wichtiger. Wir werden im letzten Kapitel noch darauf zurückkommen.

Wir haben schon oben gesagt, daß die Ursachen des Selbstmordes fast durchweg nicht in den von dem Betreffenden angegebenen Motiven liegen, sondern in all den Faktoren, die sein Leben bestimmt haben. Abgesehen von der Erziehung im Elternhaus kommt hier vor allem die Schule in Betracht. Wenn diese so gestaltet wird, daß der Lehrer das Bewußtsein hat: Eine Individualität, die die ganze Vergangenheit der Menschheit in sich trägt, muß in die Gegenwart hereingeleitet werden; wenn es ihm gelingt, die Seelen der Kinder so zu führen, daß sie in den Erscheinungen der Sinneswelt das Wirken der geistigen Welt, in der sie vor der Geburt lebten, zunächst fühlen und später erkennen, dann wird in diesen Seelen auch ein gesundes Vertrauen zu sich selbst und zum Leben auf der Erde erwachsen. Und dies wird letzten Endes die wirksamste Vorbeugung gegen die Neigung zum Selbstmord sein.

Der Lehrer müßte ferner imstande sein, die Einseitigkeiten der Schüler zu durchschauen und auszugleichen: ihr zu starkes Verfestigtsein in der Leiblichkeit, das zur Geistesblindheit disponiert, oder ihre Neigung zum Oberflächlich-Illusionären.

---

[56] Weitere Ausführungen zu diesem Thema sowie über das Verhältnis der Lebenden zu den Toten in Friedrich Doldinger: *Alter, Krankheit, Trennung, Tod*. Stuttgart 1930; sowie Rudolf Meyer: *Vom Schicksal der Toten*. 7. Auflage, Stuttgart 1979.

Beide Einseitigkeiten bilden die Grundlage, auf der sich ein egozentrisches Seelenleben entwickelt, das schließlich immer mehr den Zusammenhang mit der Umwelt verliert, bis es an sich selbst zugrunde geht.

Denn die menschliche Seele braucht den geistig-seelischen Zusammenhang mit der sozialen Umwelt ebenso notwendig, wie sie leibliche Nahrung gebraucht. Sie ist auch in bezug auf die Zeit eine Ganzheit, die mit anderen Seelen zusammen umfassendere Ganzheiten wie Volk usw. bildet. Nur in eine bestimmte Zeit und an eine bestimmte Stelle gehört deswegen eine menschliche Seele. Geburt und Tod sind durch den Zusammenhang mit früheren Verkörperungen und mit den anderen Seelen bedingte Zeitpunkte. Und – geben wir uns keiner Täuschung hin – die mit uns geborenen Seelen gehören eben in *diese* Zeit, und wenn eine sich freiwillig ausschaltet, so müssen dadurch störende Rückwirkungen auf die Gesamtheit erfolgen.

Der einzelne hat Verpflichtungen gegenüber der Gemeinschaft, in der er und durch die er lebt; und andererseits: der Selbstmord ist nicht nur ein individuelles, sondern zugleich ein soziales Problem; die Gemeinschaft sollte sich verantwortlich fühlen für die Schwachen, die glauben, daß ihre Kraft nicht ausreicht zum Leben.


Wie ganz anders schildert der Geistesforscher das Schicksal der früh Verstorbenen! Während der Selbstmörder in Verkrampfung und Finsternis sich dahinquält, erlebt der früh Verstorbene durch den Zuwachs der noch unverbrauchten Ätherkräfte eine ungeheure Steigerung seines Erlebens nach dem Tode. Segenskräfte strömen von ihnen aus. Bei Amalfi fand ich auf dem Grabstein eines eineinhalbjährigen Knaben die Inschrift: »er schwang sich zum Himmel empor, um für seine Lieben zu beten.« Das klingt kindlich, wie eben die Menschen dort sind, aber richtig ist es im Grunde doch.

Dies gilt aber eben nur, wenn der frühzeitige Tod schicksalsmäßig eintritt. Gewiß ist er für die Angehörigen schmerzlich; aber wenn uns die Erkenntnis von der Wiederkehr wirklich zur Lebensempfindung wird, werden wir auch die hoffnungsvolle und zukunftsfrohe Stimmung solcher frühzeitig Scheidenden erleben.

Im höchsten Maße aber gilt dies für den eigentlichen Opfertod, den Tod für das Vaterland. Was da geopfert wird, das sind Geistes-Keime, deren ungeheure Bedeutung für die ganze Entwicklung der Menschheit erst die Zukunft zeigen kann. Aber wir dürfen wirklich auf eine neue »Renaissance« hoffen!

### *Die Überwindung des Todesbewußtseins*

Wir versuchten, das Problem des Todes durch eine geschichtliche Betrachtung zunächst in die Perspektive der Menschheitsentwicklung zu stellen, um es auf ein Niveau zu bringen, auf dem es ohne die trübenden Einflüsse der egozentrischen Empfindungen betrachtet werden kann. Der Einwand liegt nahe, daß in dieser Betrachtung nicht auf die Bedeutung des Christentums eingegangen sei. Es würde jedoch über den Rahmen der hier eingeschlagenen Methode hinausgehen, in direkter Art darüber zu sprechen.[57]

Indirekt ergibt sich andererseits eine Antwort auf die Frage aus der Art, wie die vorchristlichen Kulturen und das nachchristliche Zeitalter dargestellt sind. Es ergibt sich daraus, daß die Seele in den vorchristlichen Kulturen mehr oder weniger noch ein Gruppenwesen war und daß sie erst durch das tiefere Eintauchen in die Leiblichkeit zum Persönlichkeitsbewußtsein erwachte. Diesen Inkarnationsprozeß der Menschheit veranschaulichte Rudolf Steiner oft in der Form einer ab- und wieder aufsteigenden Kurve, in deren tiefstem Punkt das Christusereignis fallen würde. Diese Darstellung erscheint insofern widerspruchsvoll, als die stärkste Tendenz zum Materialismus, wie wir sahen, erst in der neueren Zeit hervortrat. Wie vereinigt sich diese Tatsache mit der Auffassung des Christusimpulses als des zentralen Menschheitsereignisses[58], das die Menschheit wieder zum Geistigen hinaufzuführen berufen ist? Diese Frage sei, da sie sich im Rahmen unserer bisherigen Untersuchung ergibt, wenigstens kurz berührt.

Die Gläubigen der ersten Christenheit erlebten den Christusimpuls als den Besieger des Todes. Was die Seele in den

---

[57] Vom Standpunkt eines gegenwartsgemäßen Christentums wurden die Frage der Wiederverkörperung und die damit zusammenhängenden Probleme eingehend behandelt von Friedrich Rittelmeyer: *Wiederverkörperung – im Lichte des Denkens, der Religion, der Moral.* Stuttgart 1931.
[58] Vgl. R. Steiner: *Die geistige Führung des Menschen und der Menschheit.* (1911), GA 15, Dornach 1974.

vorchristlichen Kulturen nur als Einweihungserlebnis kannte, die Überwindung der Todesfurcht, wurde durch das Christusereignis allen Menschen zugänglich. Insbesondere in Ägypten war dies so, weil die Gemüter dort durch den Osirisglauben vorbereitet waren; Christus erschien ihnen als der Erfüller des Osirisglaubens.

Überhaupt hatte man in diesen Zeiten noch ein Bewußtsein von der Realität des Begriffes »Menschheit«: man empfand die verschiedenen Religionen als verschiedene Ausdrucksformen einer und derselben Wahrheit. Und noch Augustinus war der Überzeugung: »Was man gegenwärtig die christliche Religion nennt, bestand schon bei den Alten und fehlte nicht in den Anfängen des Menschengeschlechtes, bis Christus im Fleische erschien, von wo an die wahre Religion, die schon vorher vorhanden war, den Namen der christlichen erhielt.«

Der Christus wurde also im Frühchristentum rückschauend in diesem Sinne als der geistige Lenker der Menschheitsentwicklung empfunden. Die Seelen fühlten sich dadurch innerlich nicht auf ihre einmalige Erscheinungsform beschränkt. Können wir aber, wenn wir heute bis zum Christusereignis zurückschauen, sagen, daß wir die seitherige Entwicklung der Menschheit als Ausdruck der Christuswirksamkeit erkennen?

Wenn wir uns nicht Illusionen hingeben wollen, werden wir zugeben müssen, daß dies zunächst nicht der Fall zu sein scheint.

Gewiß fließt ein Strom innerlichen, christlichen Lebens vom Christusereignis bis in die Gegenwart; in allen Konfessionen gibt es Träger dieses Lebens. Und immer wieder wird die Aschenschicht des alltäglichen Bewußtseins von feurigen Zeugen des Geistes durchbrochen. In der deutschen Mystik[59] von Meister Eckehardt bis zu Angelus Silesius und Novalis lebt ein Bewußtsein, das den Tod innerlich überwunden hat.

Aber die äußeren Formen des Lebens wurden dadurch nicht verwandelt. Das Bewußtsein der Völker, ihre Tätigkeit, ihre Ziele haben damit nichts zu tun. Man muß sogar feststellen, daß zunächst die vorchristlichen Bewußtseinsformen das christliche Bewußtsein bestimmten. Seitdem der römische Rechtsbegriff in den Glauben eindrang, seitdem der »rechte Glaube« mit Rechtsmitteln und schließlich mit Gewalt »verteidigt« wurde,

---

[59] Vgl. R. Steiner: *Die Mystik im Aufgange des neuzeitlichen Geisteslebens.* (1901), GA 7, Dornach 1960.

spaltet pedantische Rechthaberei die christliche Gemeinde in Konfessionen.

Und wenn man vollends die Ausbreitung des Materialismus in den letzten Jahrhunderten betrachtet, könnte man glauben, der christliche Glaube sei endgültig überwunden. Der Strom mystisch-innerlichen Lebens scheint fast versickert. Bis heutigen Tages hält die Theologie sich abseits der Naturwissenschaft und meint, wenn der »christliche Glaube« zu der äußeren Wissenschaft hinzukomme, sei alles in bester Ordnung.

Jedoch – wenn man die Menschheitsentwicklung betrachtet, darf man den Maßstab nicht zu klein wählen. Sonst erscheint einem das Nächstgelegene zu wichtig, während man die großen Linien aus dem Auge verliert. »Beweisen« wird man auf diesem Gebiet nie können, und so sei es gestattet, ein persönliches Erlebnis mitzuteilen.

Als ich zum ersten Mal Florenz betrat, wirkte die Überfülle künstlerischer Eindrücke zunächst betäubend. Es war unmöglich, sich ihnen gegenüber *nur* genießend zu verhalten – die Renaissance wurde zum Erkenntnisproblem: wie war es möglich, daß hier das Altertum in einer gewissen Weise »auferstand« und doch zugleich ein unmittelbar quellendes, neues Leben zu spüren war? Die Frage löste sich mir, als mir klar wurde: in den Künstlern der Renaissance pulsiert christliches Lebensblut. Hier wurde der christliche Glaube zum ersten Male in großem Stil künstlerisch-produktiv. Und wenn wir dies nicht abstrakt, sondern konkret verstehen wollen, kann das nur bedeuten: hier sehen wir Seelen am Werke, die künstlerisch produktiv sein können, weil sie den christlichen Glauben schon in einem vorhergehenden Leben aufgenommen haben, so daß er jetzt nicht nur als Glaube in ihrer Seele lebt, sondern als plastische Kraft in ihrem Bildekräfteleib wirksam ist. Sind es nicht vielleicht gerade *die* Seelen, die für ihren Glauben durch den Tod gingen?

Alle Kunst dieser Zeit zeigt einen Zug ins Universale. Die Grenzen der Konfessionen werden innerlich überwunden, Raffaels Madonnen sprechen zu *allen* offenen Gemütern. Und in »Disputa« und »Schule von Athen« schließt er die philosophische Entwicklung des Altertums an das Christentum an. Im Pantheon, dem einzigen der Zerstörung entgangenen Tempel der vorchristlichen Zeit, läßt er seinen Leichnam beisetzen.

Und doch hat die künstlerische Tätigkeit dieser Epoche ihre Grenzen. Hunderte von Künstlern wetteifern miteinander, das

Leben Christi darzustellen. Eine unmittelbare, persönliche Teilnahme der Seelen an diesem Geschehen offenbart sich in diesem Schaffen. Aber an die eigentliche geistige Bedeutung der Ereignisse im Leben Christi kommen die Künstler dieser Zeit nur selten so stark heran, daß das Kunstwerk innerlich durchsichtig wird. Manche »Himmelfahrt« und »Auferstehung« wird gemalt, aber die Bilder verdeutlichen meistens nur die *Vorstellung* von der Auferstehung; sie selber bleiben innerlich tot, weil die abstrakte Vorstellung das künstlerische Schaffen nicht zu beleben vermag.

Es gibt nur wenige Ausnahmen auf diesem Gebiet. Zu ihnen gehört zweifellos Raffaels letztes Bild, die »Verklärung«. Die »Auferstehung« zu malen gelang aber in vollem Sinne nur Grünewald. Er konnte den Tod in der Malerei überwinden, weil er vom Todesbewußtsein zum Geistbewußtsein durchgedrungen war. So wurde sein Bild zum Zeugen von der Wirkung der Auferstehungskräfte in seiner Seele. Ja, man könnte sagen: Sein Bild ist ein Beweis für die Auferstehung. Denn es stellt anschaulich dar, wie der kosmische Mensch sich der irdischen Hülle entringt. Und wer sich der Wirkung der Farben nicht verschließt, dem sagt es: So entringt sich der Geistesmensch dem Tode. Auferstehungskräfte schufen sich in Grünewald einen künstlerischen Offenbarer. Denn geistige Impulse strömen aus der übersinnlichen Welt in die irdische; sie suchen sich Werkzeuge in den menschlichen Seelen. Und diejenigen, die durch Selbstverwandlung, durch Opfer und Hingabe sich bereit gemacht haben, die können zu Gefäßen dieser Impulse werden. In verschiedenen Formen und Gestalten können dieselben Impulse walten.

Was in Grünewalds Bildern pulsiert, jahrhundertelang vor den Augen der Welt verborgen, das tritt wieder auf in Goethes Farbenlehre. Ein Dichter, der Maler werden wollte, entschleiert die Geheimnisse des Lichtes durch den reinen Gedanken.

Und mehr als dies: Goethes naturwissenschaftliche Arbeiten und Entdeckungen sind Zeugnisse für die Auferstehungskräfte des menschlichen Geistes. Was früher in den Tempeln Persiens und Ägyptens als der im Licht sich offenbarende Geist verehrt wurde, spricht Goethe als persönliche Erkenntnis aus. Ein christlicher Impuls ist es, der ihn treibt, die materialistische Vorstellungsart in der Wissenschaft zu überwinden.

Der Materialismus als Form der Weltanschauung hatte seine Mission: er gab der Seele die Möglichkeit, durch das Untertauchen in ein Weltbild ohne Rückschau in ein vorgeburtliches und ohne Hoffnung auf ein nachtodliches Leben Persönlichkeitskräfte zu entwickeln, die ihr ein geistdurchleuchtetes Weltbild nicht hätte vermitteln können. Das in der Einsamkeit der Geistesfinsternis entwickelte »Todesbewußtsein« war die härteste Probe für die Entwicklung des Ich-Bewußtseins. Und das Ich hätte diese Probe nicht bestehen können, wenn in seinen Seelengründen nicht der Christusimpuls gewaltet hätte. Die Zeit des Materialismus ist die Grablegung des Menschengeistes.

Wenn der heutige Mensch die Konsequenz aus seinem wissenschaftlichen Weltbilde ziehen würde, müßte er sich wie in Raum und Zeit begraben fühlen. Die Naturgesetze machen ihn zu einem unfreien, determinierten Wesen; zeitlich ist er in die Grenzen von Geburt und Tod eingeschlossen. Beide Grenzen will das Ich heute durchbrechen: es will die starre Notwendigkeit der Naturgesetze als Täuschung durchschauen und sich als freies Wesen erkennen; es will die Grenzen von Geburt und Tod durchstoßen und sich als ewiges Wesen erleben.

In früheren Jahrhunderten konnten die Seelen es als Erfüllung ihres christlichen Glaubens empfinden, wenn er ihnen die Gewißheit der persönlichen Unsterblichkeit gab. Die Aufgaben der Gegenwart und Zukunft aber können nur gelöst werden, wenn wir uns nicht an der Befriedigung unserer persönlichen seelischen Bedürfnisse genügen lassen. Und an diejenigen Seelen wollten diese Ausführungen sich wenden, die fühlen, daß sie nicht genug getan haben, wenn sie *nur* glauben, wie es vergangene Zeiten taten, sondern daß Gegenwart und Zukunft der Menschheitsentwicklung eine stärkere und tiefere Anspannung der Kräfte von ihnen fordern.

Das Ich ist im Laufe der Zeiten so weit erstarkt, daß es heute wieder aus seinem engsten Seelenbereich heraustreten und das materialistische Weltbild umgestalten kann. Denn dieses von ihm errichtete Weltbild, das das menschliche Ich wie ein gigantisches Bauwerk aufzutürmen begonnen hat, bietet keinen Platz mehr für den Erbauer; über dem Bauen hatte das Ich den Zweck vergessen: daß es selber darin wohnen wollte. Wie vor einer Pyramide mit vermauertem Eingang irrt das Ich obdachlos vor seiner Schöpfung. Würde es nicht gelingen, das Weltbild so umzugestalten, daß das Ich seine geistige Dynamik darin wieder entfalten kann, so müßte man um die Zukunft der Menschheit besorgt sein. Die Sphinxkräfte, atavistische Reste der alten Gruppenseelen, würden wieder ihr Haupt erheben, und die ent-ichten Seelen würden ihr Rumoren nicht bezwingen können; sie würden sich nur noch für eine höher entwickelte Tierrasse halten. Das Todesbewußtsein würde sie der Macht des »Antichrist« ausliefern.

Aus dieser Perspektive ergibt sich das Ziel, dessen Verwirklichung das christliche Bewußtsein als seine Aufgabe empfinden müßte: die materialistische Täuschung im Weltbilde zu überwinden. Was früher *Glaube* war, muß heute zur *Erkenntnis* gesteigert werden. Goethes Forschen ging in diese Richtung, und Rudolf Steiners ganzes Lebenswerk verfolgte bewußt das eine Ziel: das menschliche Ich zu befreien aus dem Grabe, in das der Materialismus es versenkt hatte. So verstanden kann man sein Wirken nur als die zeitgemäße Fortführung der durch den Christusimpuls veranlagten Bewußtseinswandlung betrachten. Und in diesem Sinne führt eine gerade Linie von seinen ersten erkenntnistheoretischen Arbeiten bis zu seiner Christologie, gebildet aus der kristallklaren Substanz des reinen Denkens.

Das entspricht einer Zeitnotwendigkeit. Denn: Der sich selber tragende, lichtvolle Gedanke ist das Auferstehungserlebnis des modernen Menschen und verbürgt ihm ewiges Leben.

# Literatur zum Thema

RUDOLF TREICHLER
**Die Entwicklung der Seele im Lebenslauf**

Stufen, Störungen und Erkrankungen des Seelenlebens.

318 Seiten, Ln. DM 38.–

Rudolf Treichler, Facharzt für Psychiatrie und Neurologie, legt mit diesem Werk seine Lebensarbeit vor.
Der gesamte Umkreis der seelischen Welt, ihrer Möglichkeiten und Kräfte, erfährt auf der Grundlage des anthroposophischen Menschenbildes eine ausführlich-konkrete Darstellung. Im Rahmen der Entwicklungsgesetze des Lebenslaufes werden die lebensalterspezifischen Formen des Seelenlebens, ihre natürlichen Anlagen und Tendenzen zu Entgleisungen beschrieben. Diagnostische und therapeutische Gesichtspunkte, auch zur Selbsthilfe, werden angeführt.

RUDOLF STEINER
THEMENTASCHENBÜCHER

## Bd. 1: Wege der Übung

12 Vorträge von Rudolf Steiner. Ausgewählt und herausgegeben von Stefan Leber.

255 Seiten, kart. DM 12.80

## Bd. 4: Vom Lebenslauf des Menschen

12 Vorträge von Rudolf Steiner. Ausgewählt und herausgegeben von Erhard Fucke.

256 Seiten kart. DM 12.80

WALTER BÜHLER
**Der Leib als Instrument der Seele**

in Gesundheit und Krankheit.
8. Aufl., 87 Seiten, kart. DM 12.–

Diese knappe Einführung in die anthroposophische Menschenkunde zeigt, daß der menschliche Organismus, gegliedert in die Bereiche des Nerven-, des rhythmischen und des Stoffwechselsystems, die Grundlage des Geistig-Seelischen ist: Denken, Fühlen und Wollen sind die Grundkräfte, deren bewußte Erfahrung heute wieder geübt werden muß.

## Informations-Coupon

Wir informieren Sie gern über unser umfangreiches Verlagsprogramm: Anthroposophie, Waldorfpädagogik, Natur- und Geisteswissenschaften, aber auch Kinder- und Jugendbücher. Bitte schreiben Sie an die unten angegebene Anschrift, wir senden Ihnen dann umgehend Informationsmaterial.

VERLAG FREIES GEISTESLEBEN

Haußmannstraße 76
7000 Stuttgart 1

# RUDOLF STEINER
# Grundlagen der Anthroposophie

Eine Auswahl aus dem Gesamtwerk:

**Die Wirklichkeit der höheren Welten**
Leinenband GA 79 / Taschenbuch tb 633

**Theosophie. Einführung in übersinnliche Welterkenntnis und Menschenbestimmung**
Leinenband GA 9 / Taschenbuch tb 615

**Die Geheimwissenschaft im Umriß**
Leinenband GA 13 / Taschenbuch tb 601

**Wie erlangt man Erkenntnisse der höheren Welten?** Leinenband GA 10 / Taschenbuch tb 600

**Das menschliche Leben** vom Gesichtspunkte der Geisteswissenschaft (Anthroposophie) Taschenbuch tb 612

**Menschengeschichte im Lichte der Geistesforschung** Leinenband GA 61
(Mit Ausführungen zum Todes-Problem)

**Geisteswissenschaft als Lebensgut**
(Mit Ausführungen zum Thema Tod und Wiedergeburt des Menschen) Leinenband GA 63

---

Zu beziehen in jeder guten Buchhandlung. Ausführliche Verzeichnisse und Prospekte kostenlos

**Rudolf Steiner Verlag, Dornach/Schweiz**

# Perspektiven der Anthroposophie

*In der neuen Reihe „Perspektiven der Anthroposophie" werden in allgemeinverständlicher Form die Grundlagen der Anthroposophie und ihre Ergebnisse auf den verschiedenen Lebensgebieten dargestellt.*

**Frans Carlgren, Erziehung zur Freiheit**
Bd. 5502
Hier erfährt man alles über die erste, seit 60 Jahren funktionierende Gesamtschule: Begründung durch Rudolf Steiner, pädagogische Grundlagen, Lehrplan, Selbstverwaltung der Schule, Praxisberichte vom Kindergarten bis zum Abitur.

**Rudolf Frieling, Christentum und Islam**
Bd. 5503
Die weltanschaulichen Unterschiede zwischen Christentum und Islam werden so herausgearbeitet, daß die personale, trinitanische Gottesauffassung des Christentums deutlich wird im Gegensatz zum streng vatergöttlich-autoritären Gottesbegriff des Islam.

**Emil Bock, Wiederholte Erdenleben**
Bd. 5506
Diese Sammlung von Zeugnissen der Wiederverkörperungsidee in der deutschen Geistesgeschichte dokumentiert die eigene europäische Tradition des Reinkarnationsgedankens im Gegensatz zur Vorstellung der Seelenwanderung im indischen Kulturraum.

Bd. 5501/Originalausgabe
Worin besteht einer der wesentlichen Mängel der heutigen Schule? Sie ist viel zu einseitig auf die rein theoretische Bildung ausgerichtet, für kreative Leistungen im emotionalen Bereich bleibt kaum Raum, praktische Fähigkeiten werden vernachlässigt. Wie kann man dieses Defizit beheben? Erhard Fucke berichtet über einen neuen Weg.

**Karl König, Die ersten drei Jahre des Kindes**
Bd. 5507
Wenn man aufmerksamer auf das scheinbar Alltägliche hinschaut, lernt man verstehen, wie sich in den ersten drei Jahren des Kindes eine Art von dreifachem Wunder vollzieht: unwiderruflich bildet sich der seelisch-geistige Bereich des Menschen in den drei Stufen des Gehenlernens, des Sprechens und des Denkens aus.

**Rudolf Meyer, Die Weisheit der deutschen Volksmärchen**
Bd. 5505
Schneewittchen und Aschenputtel, Froschkönig und Eisenhans wirken tiefer im deutschen Sprachbereich als jegliche literarische Gestalt. Sie enthalten eine Weisheit, die durch psychoanalytische Interpretatationen nur teilweise zu fassen ist, denn in vielen Märchen verbirgt sich altes okkultspirituelles Wissen. Rudolf Meyer hilft dem Leser, eine sensible Empfindung für die reiche Welt der Märchenbilder zu entwickeln.

# Anders leben – überleben

## Das alternative Programm im Fischer Taschenbuch Verlag

**Günter Altner / Inge Schmidt-Feuerhake (Hrsg.)**
**Die Gefahren der Plutoniumwirtschaft**
Der „Schnelle Brüter": Die nächste Auseinandersetzung in der Energiediskussion. Ein Memorandum kritischer Wissenschaftler und Publizisten.
Band 4023

**Anders arbeiten – anders wirtschaften**
Dualwirtschaft: Nicht jede Arbeit muß ein Job sein.
Herausgegeben von Joseph Huber
Band 4033

**Anders leben – überleben**
Hrsg.: Hans-Eckehard Bahr / Reimer Gronemeyer
Band 4002

**Michael Andritzky / Lucius Burckhardt / Ot Hoffmann (Hrsg.)**
**Für eine andere Architektur**
Bauen mit der Natur – Wohnen in der Region
Band 1/4043
Selbstbestimmt – bauen und wohnen
Band 2/4044

**Bio-Energie**
Unerschöpfliche Quelle aus lebenden Systemen
Band 4014

**Hans Christoph Binswanger / Werner Geissberger / Theo Ginsburg (Hrsg.)**
**Wege aus der Wohlstandsfalle: Der NAWU-Report**
Strategien gegen Arbeitslosigkeit und Umweltkrise
Band 4030

**Hartmut Bossel**
**Bürgerinitiativen entwerfen die Zukunft**
Neue Leitbilder – Neue Werte
30 Szenarien
Band 4010

**Rudolf Brun (Hrsg.)**
**Der grüne Protest**
Herausforderungen durch die Umweltparteien.
Mit Beiträgen von:
G. Altner, C. Amery, H. Bossel, E. Eppler, H. Gruhl, V. Hauff, R. Jungk, P. Menke-Glückert, K. Oeser, G. Verheugen u.a.
Band 4022

**Bund Naturschutz in Bayern (Hrsg.)**
**Ökologischer Garten**
Ein Handbuch
Band 4047

**Michael Busse**
**Arbeit ohne Arbeiter**
Wem nützt der technologische Fortschritt?
Band 4015

# Anders leben – überleben

## Das alternative Programm im Fischer Taschenbuch Verlag

**Die Auto-Dämmerung**
Sachzwänge für eine neue
Verkehrspolitik
Band 4040

**Joseph Collins /
Francis Moore Lappé
Vom Mythos des Hungers**
Die Entlarvung einer Legende:
Niemand muß hungern
Band 4049

**Stephen Diamond
Was die Bäume sagen**
Leben in einer Landkommune
Band 4034

**Energiepolitik ohne Basis**
Vom bürgerlichen
Ungehorsam zu einer neuen
Energiepolitik.
Hrsg.: Carl Amery,
P. C. Mayer-Tasch,
Klaus M. Meyer-Abich
Band 4007

**Der Fischer Öko-Almanach**
Daten, Fakten, Trends der
Umweltdiskussion
Herausgegeben von Gerd
Michelsen, Fritz Kalberlah und
dem Öko-Institut, Freiburg/Br.
Band 4037

**Yona Friedman
Machbare Utopien**
Absage an geläufige Zukunftsmodelle. Mit einem
Vorwort von Robert Jungk
Band 4018

**Horst von Gizycki /
Hubert Habicht (Hrsg.)
Oasen der Freiheit**
Von der Schwierigkeit der
Selbstbestimmung
Band 4012

**Herbert Gruhl
Ein Planet wird geplündert**
Die Schreckensbilanz unserer
Politik
Band 4006

**Hatzfeldt / Hirsch /
Kollert (Hrsg.)
Der Gorleben-Report**
Ungewißheit und Gefahren
der nuklearen Entsorgung
Band 4031

**Heidrich / Schierholz /
Swoboda (Hrsg.)
Frille**
Eine Heimvolkshochschule
macht Jugendlichen Mut –
Soziales Lernen am Beispiel
der Arbeitslosigkeit
Band 4032

**Hadayatullah Hübsch
Alternative Öffentlichkeit**
Freiräume der Information
und Kommunikation
Band 4042

# Anders leben – überleben

## Das alternative Programm im Fischer Taschenbuch Verlag

**K. William Kapp**
**Soziale Kosten der Marktwirtschaft**
Das klassische Werk der Umwelt-Ökonomie
Band 4019

**Ilona Kickbusch / Alf Trojan (Hrsg.)**
**Gemeinsam sind wir stärker**
Selbsthilfegruppen und Gesundheit
Band 4050

**Ulrike Kolb / Jutta Stößinger (Hrsg.)**
**Salto vitale**
Frauen in Alternativprojekten
Band 4048

**Dieter Korczak**
**Neue Formen des Zusammenlebens**
Erfolge und Schwierigkeiten des Experiments „Wohngemeinschaft"
Band 4016

**Hugo Kükelhaus**
**Organismus und Technik**
Gegen die Zerstörung der menschlichen Wahrnehmung.
Mit einem Vorwort von Frederic Vester
Band 4024

**Massenmedien – spontan**
Die Zuschauer machen ihr Programm
Band 4011

**P. C. Mayer-Tasch**
**Ökologie und Grundgesetz**
Irrwege, Auswege
Band 4038

**Frances Moore-Lappé**
**Die Öko-Diät**
Wie man mit weniger Fleisch gut ißt und die Natur schont.
Band 4013

**David Morris / Karl Hess**
**Nachbarschaftshilfe**
Für eine solidarische Gestaltung des Alltags
Band 4036

**Lewis Mumford**
**Mythos der Maschine**
Kultur, Technik und Macht
Band 4001

**Der neue Konsument**
Der Abschied von der Verschwendung – die Wiederentdeckung des täglichen Bedarfs.
Band 4017

**Die neuen Alchimisten**
Leben – Zusammenleben – Sich selber versorgen
Band 4027

# Anders leben – überleben

## Das alternative Programm im Fischer Taschenbuch Verlag

**James Robertson**
**Die lebenswerte Alternative**
Wegweiser für eine andere Zukunft
Band 4026

**Matthias Schmid**
**Vorfahrt für das Fahrrad**
Für eine menschengerechtere Mobilität
Band 4046

**Sonne!**
Eine Standortbestimmung für eine neue Energiepolitik
Band 4029

**Hans A. Staub**
**Alternative Landwirtschaft**
Der Ökologische Weg aus der Sackgasse
Band 4035

**Soziale Experimente in der Bewährung**
Sanfte Veränderung in einer harten Wirklichkeit.
Berichte aus den USA
Band 4041

**Helmut Swoboda**
**Der Kampf gegen die Zukunft**
Ein Reporter über die Widerstände gegen das Verändern
Band 4004

**Die tägliche Revolution**
Möglichkeiten des alternativen Lebens in unserem Alltag – wie und wo zeigen sie sich?
Band 4005

**Wachstum kostet immer mehr**
Die sozialen Kosten der Expansion werden spürbar.
Die Folgen des Wachstums werden immer teurer, weil immer mehr Mittel dafür aufgewendet werden müssen, diese Schäden zu beheben.
Band 4039

**Franz Weber**
**Die gerettete Landschaft**
Wie ein Einzelner der Zerstörung Einhalt gebieten kann.
Mit einem Vorwort von Herbert Gruhl
Band 4025

fischer alternativ

# anders leben – überleben
## Alternativen für schwere Zeiten

Gorleben – dieser Name ist zur Chiffre für den Konflikt zwischen „harter" und „sanfter" Lebensweise geworden. In diesem Band legen bekannte Autoren und Theologen Zeugnis ab von einer Begegnung franziskanischer Weltschau mit den in dieser Gegend lebenden Bauern, Handwerkern u.a. Ein Protest für die Schöpfung.

Originalausgabe. Band 4051

Originalausgabe. Band 4037

Band 4030

**Das alternative Taschenbuchprogramm im Fischer Taschenbuch Verlag**